中国、モンゴルの砂漠を訪ねて

大谷和男
Kazuo Otani

風詠社

川を渡るトラクター

和田のバザール

薄雲の中の日の出

ジュータンの店が目立つ

集落にある小学校の
鐘を鳴らす少年

ケリヤ川

塩辛いお湯の温泉

標識のない砂漠を１人で歩く

烏蘭湖周辺にあった農家

ツアーの中国人たちとフカフカの砂の上を進む

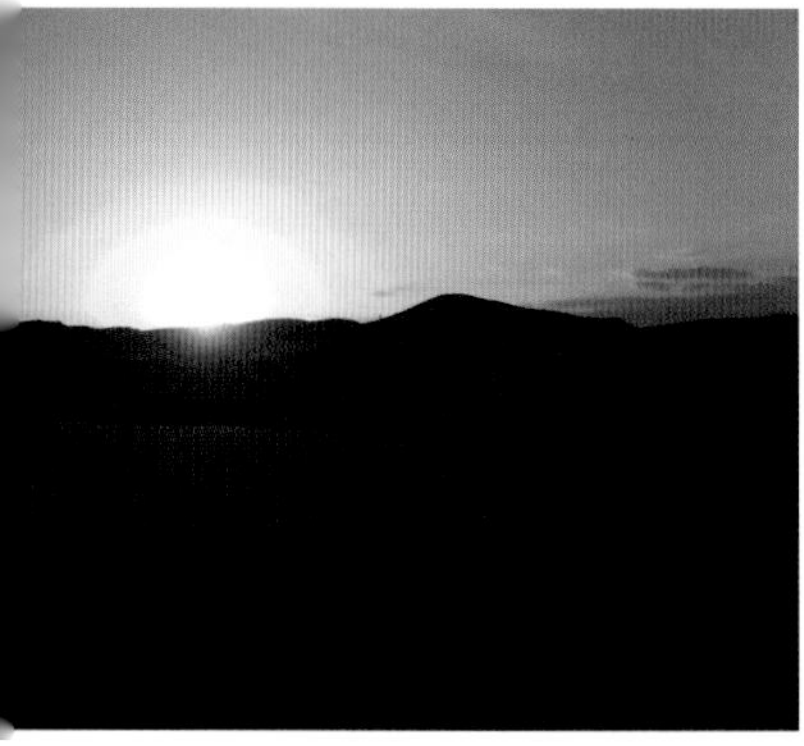

5時40分、日の出を見て
テントをたたむ

昨夜の雨で澄んだ空気と
締まった砂がいい感じ

初めて歩いた砂漠が
バダインジャラン砂漠だった

風もなく澄んだ空気と
青空に砂山が映える

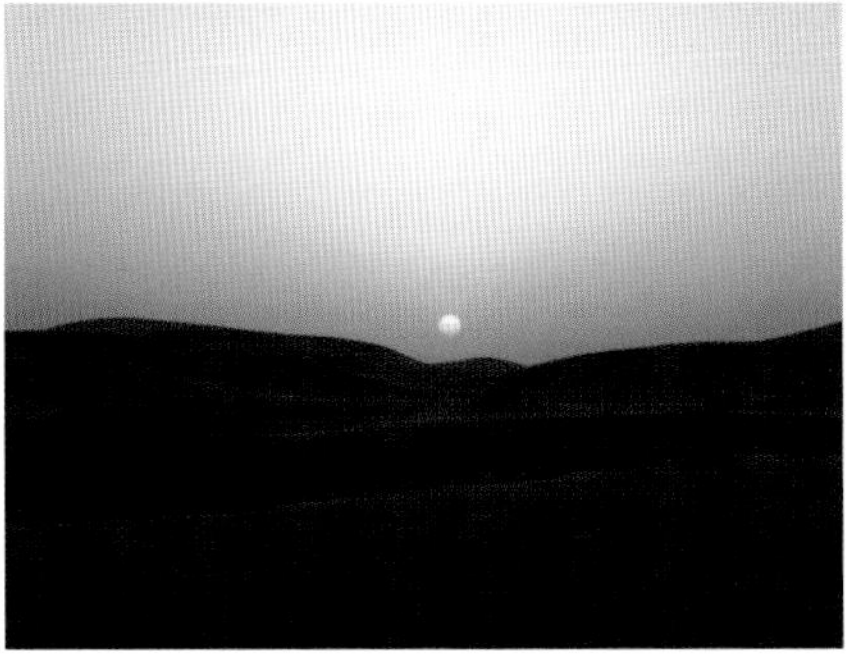

ウイスキーを飲みながら沈む夕陽を眺めた

井戸水も出る岩石地帯の良い場所でキャンプ

風が止んで砂模様のコントラストが
美しさを増す

岩に描かれた動物のような絵

グルバン・サイハン山にある岩絵

遊牧民が生活する草原の大きな青空

モンゴルの英雄チンギス・ハーンの巨大な像

ウランバートルへ向かう途中の町で
見かけたお祭り

モンゴル人のゲルに立ち寄り
馬乳酒をいただく

富裕層が訪れる保養地という印象の
テレルジでキャンプ

はじめに

砂漠歩きの話を書きたいと思っている。砂漠歩きを始めたのは2014年の4月末からのゴールデンウィークである。中国・内モンゴル自治区のバダインジャラン砂漠へ行った。そのときの記録を見ると以下の様な書き出しから始まっている。

〈膝の悪化に伴い色々なことを考えてきたが今回は「砂漠」を考えてみることにした。砂漠を歩くとはどういうことか？　今回はまずそのイメージを掴むため歩いてみようと思った。狙いは中国ではまだ行ったことのない内モンゴル自治区の砂漠。本来内モンゴル自治区の砂漠の旅の最適時期は7～8月で、4～5月は強風の時期ということだが、砂漠の旅を知るためには却って条件の悪い時期でもよいと開き直り出かけた。「楽しくない旅」、「何でこんな所へ来てしまったのか」と思う旅になることを覚悟して出発した。砂漠は幾つか候補があったが、砂漠のヒマラヤと形容されていることからバダインジャラン砂漠（巴丹吉林沙漠）に興味を持ちこの地に決めた。旅の手配はいつものように中国の旅行会社の鄒さんにお願いした。得意の単独行である。〉

このときはその後も砂漠へ行き続けることになるとは考えなかったが、初めに訪れたバダインジャラン砂漠がとても綺麗で印象が良かったため気が付くとGWは毎年砂漠を訪れるのが恒例となっていた。結局2014年から2019年にかけて中国では、内モンゴル自治区（バダインジャラン砂漠、トングリ砂漠）と新疆ウイグル自治区（タクラマカン砂漠、グルバトングータ砂漠、クムタグ砂漠）の砂漠に足跡を残し、２０１９年にはモンゴルの南ゴビに足を踏み入れた。

２０１４年ＧＷ：バダインジャラン砂漠（核心部）
２０１５年ＧＷ：タクラマカン砂漠
２０１６年ＧＷ：トングリ砂漠
２０１７年ＧＷ：グルバトングータ砂漠／クムタグ砂漠
２０１８年ＧＷ：バダインジャラン砂漠（核心部の北側）
２０１９年ＧＷ：バダインジャラン砂漠（東部〜北上）
２０１９年８月：モンゴル・南ゴビ

砂漠を分類すると、実際のところ、砂ばかりでできている砂漠（砂砂漠）は世界の砂漠のうちの20％ほどしかなく、他の80％は細かな粘土や土でできている砂漠（土砂漠）、石ころがゴロゴロ散らばっている砂漠（レキ砂漠）、巨大な岩が多く出ている砂漠（岩石砂漠）などである。

自分が実際に見た砂漠の形態も色々あり砂漠ごとにそれぞれの世界がある。３６０度砂丘しか見えない中で美しい湖がアクセントとなっている世界、岩や石が広がる火星の表面の様な世界、川が流れ植物も多くある世界等である。新疆ウイグル自治区の砂漠はレキ砂漠や岩石砂漠が多く見られ、内モンゴル自治区のバダインジャラン砂漠、トングリ砂漠等は砂丘が広がっているという印象の砂漠である。どうやら私は砂丘の広がる砂漠が好きで、バダインジャラン砂漠には、結局3回も行ってしまった。砂漠の中は周囲よりも気温が高く、風さえ吹かなければ空気も綺麗で星が綺麗で快適な世界である。人にも全く会わずその様な世界を独占したときは至福の一瞬だと思った。

バダインジャラン砂漠、トングリ砂漠では長い距離を歩いたが、砂は膝には優しい。急斜面もあるが雪山ではないので滑落の心配もない。ただ最悪なのは風が強いときである。マスク等をしていてもどうしても砂まみれになる。雪であれば溶けてくれるが砂は砂漠を出てホテルに戻るまで体にまとわりつく。これは我慢するしかないが、そのような目に遭っても日本では全く見ることができない景色が見られれば来てよかったと思うものである。

砂漠の景色以外でも興味深いものを見つけることができた。「岩絵（石に書かれた動物の絵）」である。初めて見たのは2016年トングリ砂漠へ行ったときに寧夏回族自治区の銀川で寄った博物館。そして2018年バダインジャラン砂漠の東の阿拉善沙漠世界地質公園・曼徳拉山というところで山全体に無造作に置かれている本物の岩絵を見た。数千年前のものとのことで初めは象形文字に繋がるものかと思ったりしたが、殷の時代の甲骨文字に繋がるものではないらしかった。

実はバダインジャラン砂漠で北方を眺め、モンゴルのゴビ砂漠に続くのかと思ったときモンゴルへ行ってみたくなり2019年夏のモンゴル南ゴビ行きに繋がったのだが、「岩絵」はモンゴルに行ったときも見られた。モンゴルの地図を見ると「岩絵」が幾つも分布していることが分かりそれは中国にも広がっていることが分かった。この辺りに居た人々が残したもののはずだが、どういう人達が残したのかを調べたり考えたりした。どうやら匈奴または匈奴の祖先が残したものなのかと思われたが、自分の中では謎が続いている。

手探りで始めた「砂漠歩き」だが、自分でも思いもしない方向に進んできたように思う。中国人達と歩いたトングリ砂漠では、砂漠歩きをする人は中国の中にも多く居ることが分かったし、自分が単独で行くときは自分なりに砂漠の魅力を感じることができ、珍しい体験もできたと思うので、砂漠に興味を持つ人の参考になればと思い記録を残したいと思う。

本書の構成は筆者が行った順の通りではないが、新疆ウイグル自治区編からの展開とした。筆者がバダインジャラン砂漠に拘り最後に再訪し、その後モンゴルへの展開となるため、内モンゴル自治区からモンゴルへと続く展開を後編に展開する。とても興味を持った岩絵に関する部分も最後に展開する。

中国、モンゴルの砂漠を訪ねて ＊ 目次

装幀　2DAY

I. 中国・新疆ウイグル自治区の砂漠

新疆ウイグル自治区はウイグル弾圧の難しい地域である。外国人にとっても監視が厳しく旅をし難いエリアと言える。それだけで要注意だが、そのような中訪ねた砂漠の話を紹介する。

1．タクラマカン砂漠（2015年5月2日〜5月10日）
—ケリヤ人（克里雅人）の郷を訪ねて—

（1）はじめに

タクラマカン砂漠を探検することになった。昨年の11月に行われた大谷が所属する深谷山岳会創立50周年記念パーティーで内海氏に再会したことがきっかけである。内海氏は2009年に企画した埼玉県岳連ガンシェンカ雪峰遠征メンバーで、タクラマカン砂漠へ行くことに強い意欲を持っていた。また、標高の高いところだけに拘らない考えを持った人であり、探検を志す自分とは考えも近い人である。

内海氏の強い意志を尊重し、タクラマカン砂漠の計画を立てることにした。本当は、椎名誠の『砂の海』（2000年）のように楼蘭を目指したかったが、軍事基地があり立ち入り禁止地区となっており、立ち入りが許される西部のホータン（和田）を基点にケリヤ川沿いに入り視察することにした。この地帯の参考文献としては、法政大学・岳真也の『タクラマカン砂漠漂流記』（1993年）がある。我々が入った最奥の達里雅布依（ダリヤブイ）郷は、後で気付いたのだが、スヴェン・ヘディンが1896年にガイドから聞いたということがきっかけとなって発見されたケリヤ人の集落のあるところだった。彼らはウイグル族とも違うらしい。旅をしているときは気付かなかったが、ケリヤ人の存在に気付き振り返ってみると、確かに不思議な世界だったと思う。一体、ケリヤ人とは何者なのであろうか？

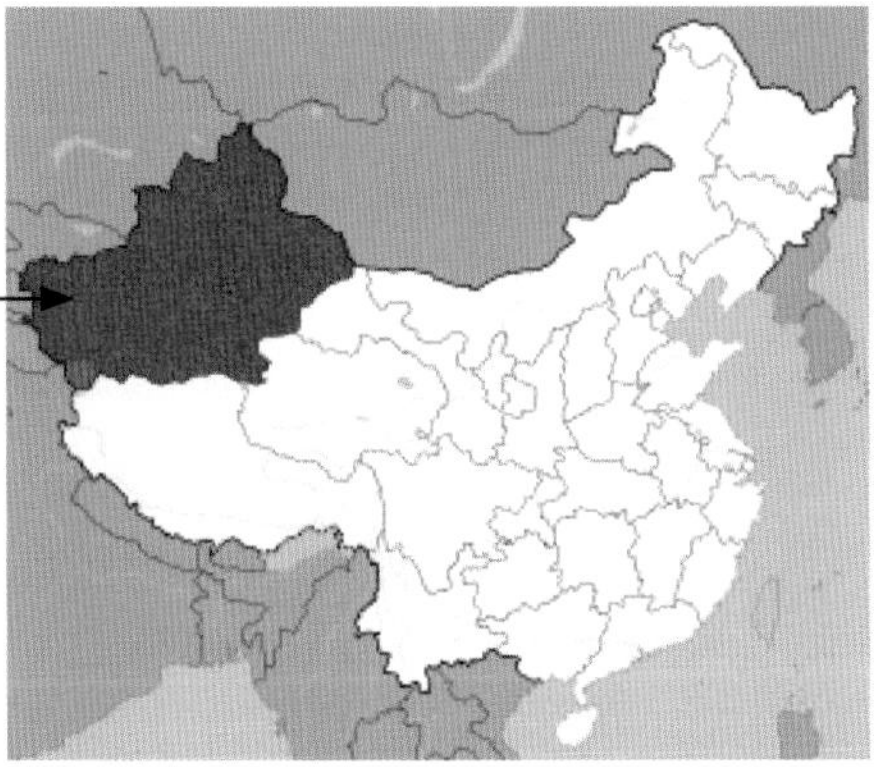

ケリヤ人の領域ではない部分では、新疆ウイグル自治区は初めてではなかったが、中国とは思えない世界を改めて感じた。今回は「外国人に厳しく、思うように行動できなかった」の一言に尽きる。その詳しい行動報告を記す。

今回、この報告書の執筆が仕事の都合で遅れてしまったが、そのおかげで執筆中のこの旅を終えて5ヶ月ほど経ったとき、中国にスパイ容疑で拘束されている日本人がいるというニュースを聞いた。我々が旅をしていた5月頃拘束されたという。外国人の活動に神経をとがらせる中国当局ということらしい。

参考までにネット上で見つけた記事では以下のような分析があった。

共産党関係者は「中国が情報公開に向けて一歩前進したのではない。むしろ逆で、習近平政権が国民に対し「外国人は怖い」というイメージを植え付けようとしている」と分析した。習政権は、民族主義をあおり、日本をたたくことで求心力を維持してきた経緯がある。当初は尖閣問題、次は靖国参拝と反日カードを続々切り出してきた。抗日戦勝70年行事が終了し、中国当局は〝スパイ事件〟を新たな反日の材料にしようとした可能性もある。

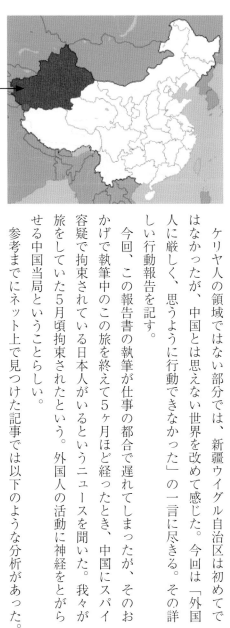

どうやら無事帰れたことをまず喜んだ方がよいのかもしれない。中国に人脈を多く持っている人等が危ないらしいが、私もこの10年間、中国に関わってきた。今後、中国に行く場合は注意したいと思いながら執筆を進めたい。

(2) メンバー

大谷和男（深谷山岳会）
内海正人（浦和渓稜山岳会）

(3) 行程

2015年	行程	宿泊地
5／2（土）	成田（9：40）―上海・浦東（11：40）ＪＡＬ873 上海・浦東（18：25）―ウルムチ（0：30）ＦＭ9221	ウルムチ
3（日）	ウルムチ（9：35）―和田（11：30）ＣＺ6853	和田
4（月）	和田―于田 手続きに手間取る	于田
5（火）	于田⇓達里雅布依郷　全長267km	テント
6（水）	達里雅布依郷⇓克里雅河畔（車、ケリヤ川渡渉）	小屋

7（木）	克里雅河畔⇒于田⇒和田	和田
8（金）	和田（14：30）—ウルムチ（16：20）ＣＺ６８４０	ウルムチ
9（土）	ウルムチ（12：40）—上海・浦東（17：05）ＦＭ９２２２	上海
10（日）	上海・浦東（14：05）—成田（18：05）ＪＡＬ８７６	

タクラマカン砂漠（「旅情中国」ＨＰより）

タクラマカン砂漠（塔克拉瑪干沙漠）とは中央アジア、中国の新疆ウイグル自治区にある砂漠である。語源は、ウイグル語の「タッキリ（死）」「マカン（無限）」の合成語と言われ、「死の場所」「死の世界」といったニュアンスとされる。「生きては戻れぬ死の砂漠」という意味がある。

サハラ砂漠に次ぐ世界2位の面積を持つ砂漠であり、タリム盆地の27万㎢をしめる。北に天山山脈、南に崑崙山脈と６０００～７０００ｍ級の大山脈に挟まれているため非常に乾燥しており、降水量は年に数ミリ程度。過去は海または湖だったとみられ、標高は非常に低く標高がマイナスの地域もあり、最低海抜はマイナス１３０ｍ。天山南路はタクラマカン砂漠を南北に迂回するように分岐し、北が西域北道、南が西域南道と呼ばれた。周辺にはタリム河、ホータン河などの河川があるが、いずれも内陸河川である。なお、ホータン河は崑崙山脈の雪解け水が増える夏季のみタクラマカン砂漠を縦断し、タリム川と合流する季節河川として知られる。

ホータン：和田
ニヤ：民豊県

新疆ウイグル自治区概念図

左：内海　　右：大谷

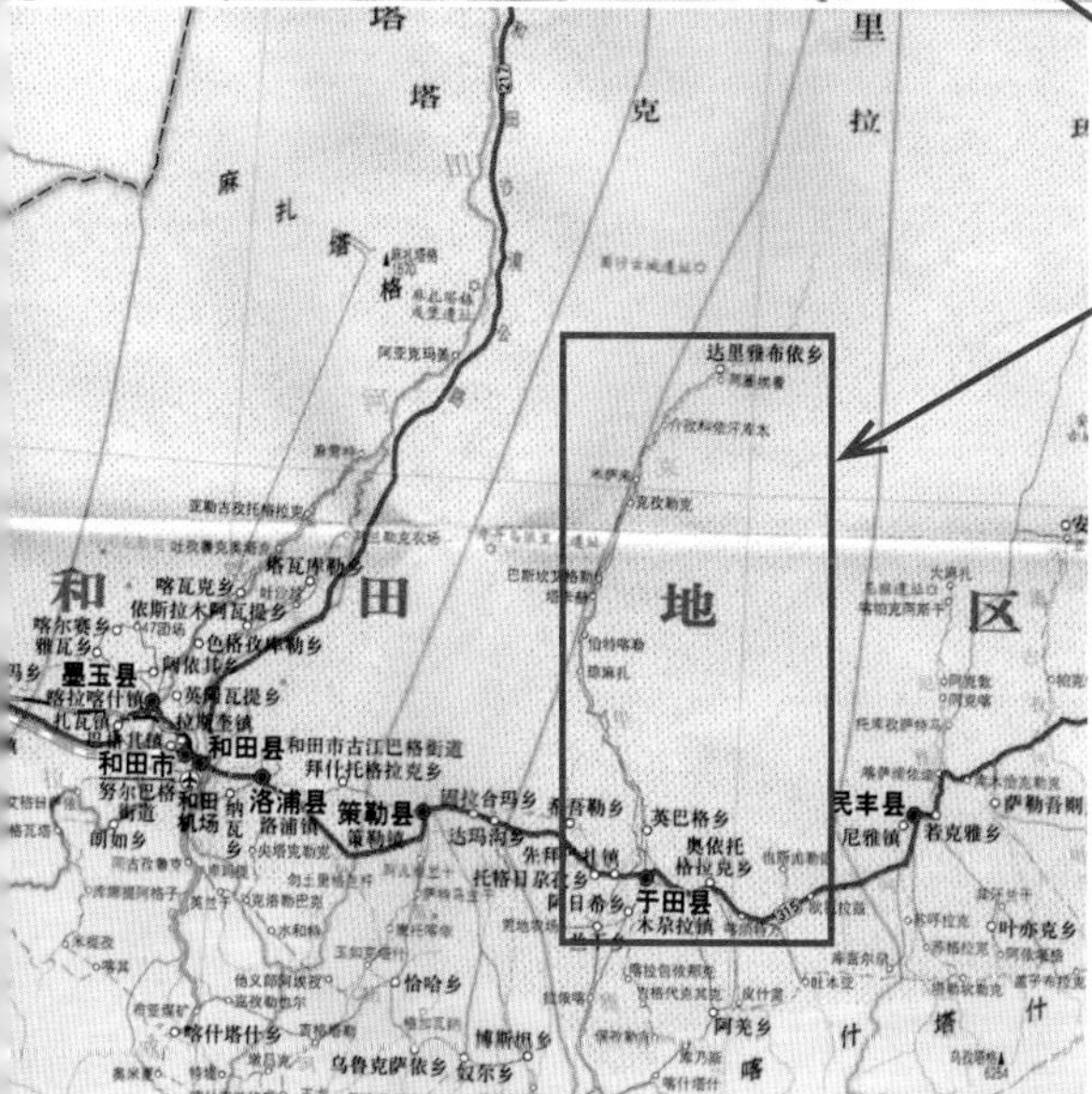

突入した地域：
于田⇒達里雅布依郷
（全長 267㎞）

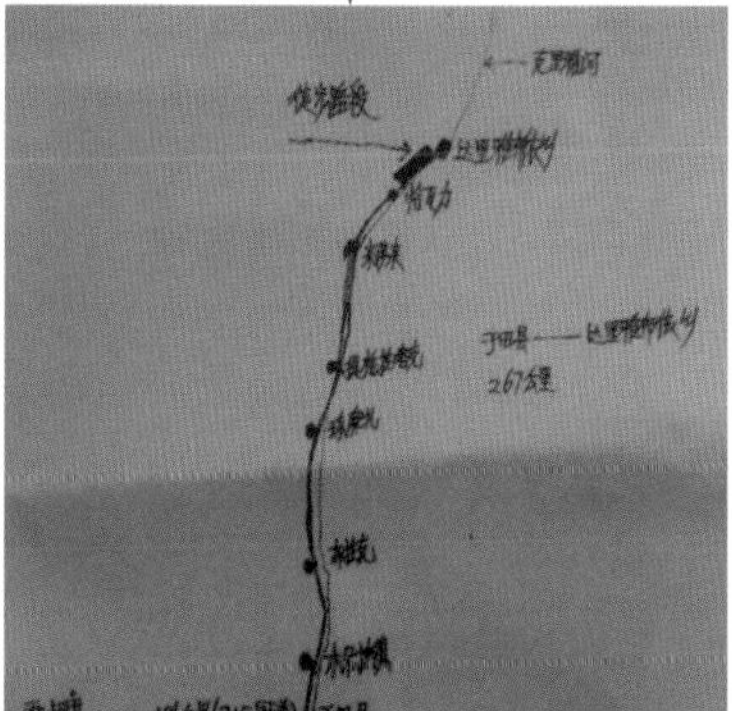

現地でもらった手書き地図

（4）行動の記録

2015・5・2（土）上海：雨

＊成田（9：40）―上海浦東（11：40／18：25）―ウルムチ（0：30）―ホテル（1：00）

仕事で、新規事業創出プロジェクトというかなり大変な仕事を引き受けてしまい、休日も余裕が持てない状況だったが出かけることにした。余裕が無かったため準備不足の感はあったが、出かけてしまえばこっちのものだ。とにかく仕事は忘れ、頭を中国モードに切り替える。

いつものように成田空港で日本の生ビールを飲み、砂漠で飲むためのウイスキーを2本買って上海に向かった。上海では長い6時間の乗り換え時間がある。当然、飲んでいるしかないのだが、日本と違ってビールの質は落ちる。中国に入ってしまったのだから仕方ないと諦め、飲みながらウルムチ行きのフライトを待つ。それにしても換金のレートが悪い（1万円＝481・3元）。

飛行機の中では、機内食を食べる以外はほとんど寝ていた。ウルムチでは予定通りホテルに入り、邹さんの旅行会社の人に旅行代金を日本円で支払った。二人で46万8000円。当初の計画時より安くできた。

5・3（日）晴れ

＊ホテル（7：30）―ウルムチ空港（7：50／9：35）―和田（ホータン）（11：30）―現地旅行会社事務

所（12：00）―和田のホテル：慕士塔格大酒店（15：00頃）

日曜日だからか空港へはすぐに着いてしまう。空港ではセキュリティーが厳しく、靴まで脱がされた。ここは少数民族が多い地域。何かあったのであろうか。

空港の外に出てしばらく待つと運転手が来た。この運転手は、今回の旅で最後までお世話になるウイグル人のRijap（リジャップ／日杰甫）さん。ランドクルーザーに乗っている。

まず建設中らしきビルの一室の事務所のようなところへ連れて行かれ、李さんという人と話をした。

上：李社長と　下：バザール

ここは、新疆（和田）玉龍国という現地の旅行会社の事務所で、李中山は社長だった。とにかく外国人が入ることを心配していて「安全、安全、何かあったら電話するように」と言われたので、詳しい話を聞くために邹さんに電話して邹さんから話を聞いてもらった。それによると「これから行くところは外国人初

ジュータン屋

のところ（これは大げさ）。今許可を取っていて午後に許可が下りるだろう」とのこと。そして李社長は確かに外国人が入ることをかなり心配しているという。

その後も李社長が入れてくれる中国茶を飲みながら色々な話をしたが、今中国と日本との関係も悪いことも心配していた。確かにその通りである。

結局、この日は労働節の休みなので、許可は明日の午前中に下りることになり、本日は和田泊まりということになった。しかしホテルは簡単には決まらなかった。日本人が簡単に泊まれるところではないらしい。以前、青海省でも同じようなことがあったことを思い出す。

ホテルは、慕士塔格大酒店という街中のホテルに決まり、散歩に出かける。やはりここは中国ではない感じ。ほとんどウイグル人しかいないように見える。ジュータンを売っている店が目に付く。

〈和田（ホータン）〉
標高：1375m～1390m　人口：17万人（ウイグル族：83%、漢族：16・6%、12の民族が存在）
産業：和田玉、織物（絹製品、ジュータン）

2時間ほど歩き、そろそろ夕食でもと思い店を探す。基本的にはビールが置いてある店を探したが、いくら聞いてもそのような店はない。宗教上、酒を飲みながら食事をするという習慣はないらしい。結局、諦めて酒なしで食事をして、ホテルに戻ることにした。ホテルでは、薄くて旨くないとはいえ冷えたビール（新疆ビール）が売っている（5元／1本）。昼食はビールで済ましたが、どうやらホテルから出ると酒は飲めないようだった。大げさに言うと、まるでイスラム教の国そのものといった感じで、やはりここは中国とは思えない。街の中でビールが飲めるレストランが無いという体験は、中国では初めてだ。食事した店で「我々は日本人」だと言ったらかなり驚かれたので、もしかしたら日本人を見たことがないのかもしれなかった。確かに外国人の姿は全く見なかった。

5・4（月）晴れ

＊慕士塔格大酒店（13：30）—于田 森林警察（17：00／17：45）—于田 警察（18：00／19：30）—于田のホテル：浙江ホテル（22：30）

今日は、役所に提出する書類（安全の誓約書のようなもの）に印鑑をもらい砂漠に入る日。朝、7時過ぎに起きたが朝食は9時。ここは日が長いので、朝食は9時、昼食は14時、夕食は20時が標準らしい。つまり、新疆時間で動いている。

9時半にロビーに行き、リジャップさんを待つ。役所へ行って安全の許可を取ってくるはずだが、なかなか来ない。暇を持て余していると、ロビーに突然銃を持った感じの悪い警察官3人が入ってきて目

美味しいパン

警察官

の前のソファーに座りたばこを吸い始めた。黒い服を着ていて上に防弾チョッキのようなものを着けている。外では「武警」と書かれた車が走っているのをしばしば見かけるし、暴動に対する備えが行き届いているのかもしれない。目の前の警察官達はウイグル人らしく、話している内容は聞き取れなかった。

　リジャップさんが来たのは13時少し前。ロビーで約3時間半待たされ、やれやれと思ったが、これはまだ序の口ということを、このときは知る由も無かった。まず李社長のところへ行き、役所の責任者の印やサインが入った入林許可証をもらい出発。李社長も頑張って動いてくれたらしく、誇らしげな顔をしていた。途中でリジャップさんの友達らしきウイグル人の買買提艾力（メイメイティーエイリーと発音していたが何という当て字か！）が乗り、4人で于田を目指す。

　途中でリジャップさんがパンの中に肉が入ったものを買ってくれた。なかなか旨い。パンを食べているうちに外の景色は砂漠に変わっていた。小さな竜巻が見え、奥には崑崙山脈と思われる雪山が見えた。

　うとうとしていると于田に到着。まず森林警察に行く。怖そう

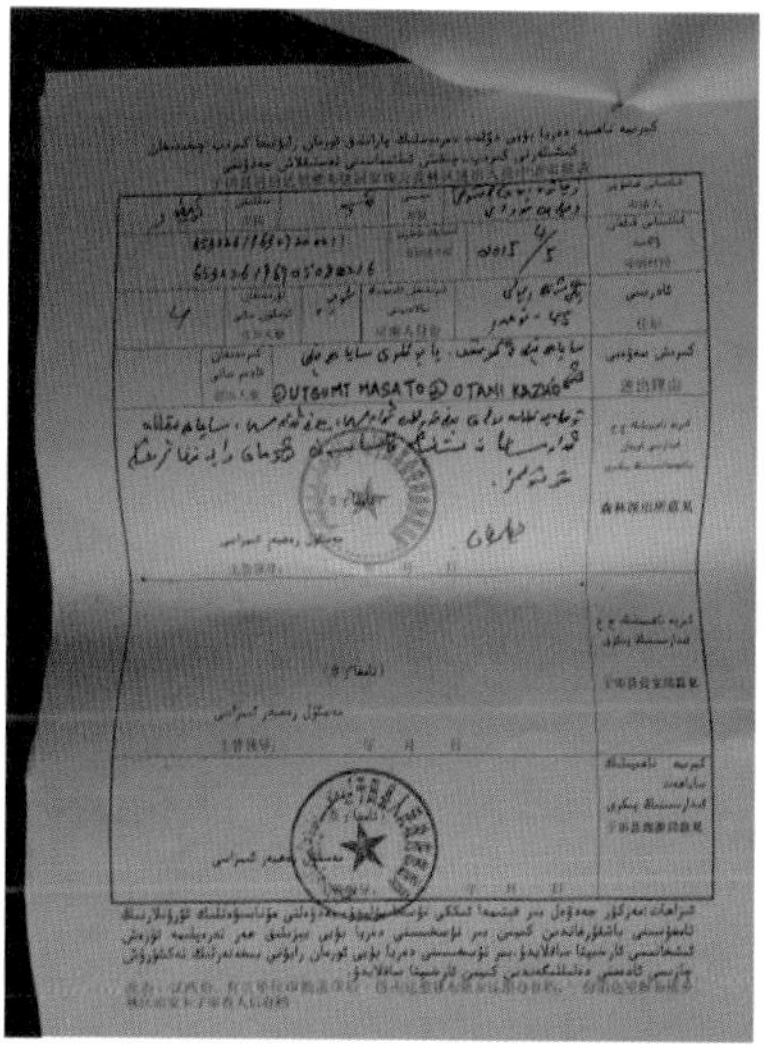

森林派出所の許可証

な犬が待ち構えていたが、建屋の中に通され許可証を書いてもらう。何とその文字はウイグル語で、アラビア語のような文字は判読できないが、右から左に書き進めて行く。ここは完全にウイグル語しか通じない。我々のパスポートをコピーした女性は、最初に「Speak English?」と聞いてきたので、てっきり英語が話せるのかと思ったが、いざ英語で話しかけてみてもさっぱり通じなかった。「我々は外国人です」を英語と中国語でまず話してみたが全く通じない。これは発音が悪いからという理由ではないであろう。別のことを話しても全く駄目だったので諦めた。

次は于田警察へ行く。ここの出入有境管理部門というところで許可を取らなければならないが、ここでまた驚かされた。担当の女性は我々のパスポートを見て「なぜビザがないのか?」と言い出した。この女性は中国語を使っていた。私は「ビザは必要ない」と何度も言ったがなかなか分かってくれない。見かねたリジャップさんがどこかへ電話し、相手の女性に出てもらいやっと理解してもらった。

于田はウイグル人しかいない感じ。いまだに外国人はビザが必要と思っている。チベットもかつてそうだった。中国人も簡単に入れなかったがそれと似ている感じがする。確かに砂漠の内部に于田から入る外国人は少ないのだろう。

問題は外国人はビザが必要と思い込んでいる女性係員ではなかった。ここの警察署のトップの許可印がないと我々は砂漠へ入ることができないのだが、そのトップの人が見つからないらしい。ただ時間だけが過ぎて行き、気が付くと20時を過ぎていた。

結局警察の前には21時半までいたが、許可印をもらうトップの人の所在が不明とのことで明日に持ち越すことになった。リジャップさんも色々なところに電話をしていたがかなり怒っていた。邹さんに電話をしてリジャップさんに細かい話を聞いてもらうと「米国人が一人行方不明になったため警察がその対応に追われている」とのことだが、リジャップさんは「警察署のトップは勝手に家に帰ってしまって連絡が取れなくなってしまっているだけだ」と言って怒っていた。

浙江ホテルというところに泊まることになった。リジャップさんとホテルの近くでうどんを食べてホテルに入った。23時になっていた。部屋では内海さんと話し込んだりテレビを見たりで、朝3時頃まで起きていた。と言っても新疆時間ではまだ1時なので、新疆での生活ではそれほど遅くまで起きていたことにはならないのかもしれない。ここでは中国時間ではなく、新疆時間で動いた方がよい。

5・5（火）　晴れ

＊浙江ホテル（9：30）—于田警察（10：00／14：00）—今回のタクラマカン砂漠計画の終点：达里雅布依郷（23：30）

朝8時半に起床。9時半にリジャップさんが迎えに来てくれ、近くで一緒に朝食を摂り于田警察へ行く。朝食は中国の北の方の人達が好むお粥と麩のようなものの組み合わせ。ここの食事は結構美味しい。新疆では、北京時間の朝10時に始まり18時に終わるのが標準らしい。昨日は小学生も18時頃帰っていくのを見た。

朝食が美味しいのはよかったが、警察に行くとまたイライラしてしまう。例の担当の女性が出てきて、相変わらず捺印をもらう予定の責任者の所在が不明だという。責任者はリンドウという名前らしい。担当の女性も今は同情してくれているようだったが、同情してもらっても事態は全く変わらない。

また、警察で待たされる時間が始まってしまった。全く何ということか。現状を整理すると以下の通りで、リンドウという人が許可を出してくれれば砂漠へ入れる。

・森林派出所意見：許可
・于田県旅遊局意見：許可
・于田県公安局意見：不明（リンドウ）

11時になったが事態は全く動かない。外を散歩しようかと思って外へ出たが、何かと細かいウイグル人（メイメイティーエイリー）に止められた。確かに後で気が付いたが、「我々日本人は現地の人にどの様に見られているのか」ということが心配だったらしい。私はその様なことは全く気にしてなかったが、それは12時過ぎのやや早い昼食後に起きた。

昼食を摂った警察署の対面のラーメン屋の前でブラブラしていると、子連れの女性が声をかけてきた。中国語だったので会話ができた。この人の家はすぐそばの床屋で、「30元で髪を切らないか」と言って

◀床屋の女性

きたのでまず断った。中国語とはいっても現地の人にすれば第一言語はウイグル語であろうから、中国語の発音も聞き取り難いし、こちらの発音も何度も言わないと通じない部分もあった。しかし相手は色々と話しかけてくる。会話の中で、我々は日本人ということが分かると「日本の小銭を見せろ」と言ってきた。どうも日本人が珍しいらしい。仕方がないので10円玉と1円玉を出して見せると、それが欲しいというのであげると、その辺に座り込んでいた人が集まってきてしまい驚いた。皆、我々を気にしていたみたいだった。内海さんは、床屋の女性がこちらを気にしている気配に気付いていたらしい。

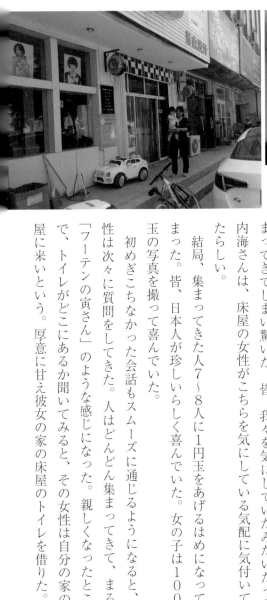

結局、集まってきた人7〜8人に1円玉をあげるはめになってしまった。皆、日本人が珍しいらしく喜んでいた。女の子は100円玉の写真を撮って喜んでいた。

初めぎこちなかった会話もスムーズに通じるようになると、女性は次々に質問をしてきた。人はどんどん集まってきて、まるで「フーテンの寅さん」のような感じになった。親しくなったところで、トイレがどこにあるか聞いてみると、その女性は自分の家の床屋に来いという。厚意に甘え彼女の家の床屋のトイレを借りた。トイレから出ると店の中の椅子に座る様に勧めてくれた。小綺麗な店だった。椅子に座ると「あなたと私はもう友達だ、一緒に昼食を食べよう、電話番号を教えろ」などと、たて続けに言われたが、丁度そのとき内海さんが「警察からお呼びがかかったのですぐに来い」と言って飛び込んできたので、お礼を言ってすぐに外に出て対面の警察に向かった。助かった気がした。

警察の前では例の出入国係の女性がいて、于田県公安局意見書の紙を渡すとすぐに捺印してもらってきてくれた。リンドウという人がどこで何をしていたかは知らないが、やっと準備が整ったのですぐに出発することになった。床屋の女性が店の前に出ていたので手を振って別れ、やっと出発となった。既に14時になろうとしていた。

関所（検問所）

まず役所に行き全てそろった許可証を出し、役所の最終印をもらう。水、食料を積んで、ガソリンを入れて出発。途中で集落まで帰るらしい老人を乗せた。ウイグル人のネットワークらしい。途中関所（検問所のようなところ）は1ヶ所で、そこで署名をもらった紙を提出し、ケリヤ川沿いにタクラマカン砂漠へ

突入。どうも昨年行ったバダインジャラン砂漠とは様子が異なる。木などの植物が多く、時々砂漠らしい砂丘が出てくるが、ルートは車がよく通るらしく轍もある。法政大学の記録にもあるように人家も多く、山羊や羊の放牧をしている。

明日、ケリヤ川の対岸に宿泊するが、その渡渉点で途中で乗せた老人は下車した。面白い形をした木も多く、日本庭園みたいなところがあったり、北海道の風景にも似ているところがある。

ケリヤ川

初め強かった風も治まってきたが、顔や体はいつの間にか砂だらけになっている。気が付くと、いつしか暗くなり始め星が見えてきて、ほぼ満月に近い月も出てきて綺麗だった。今回の終点の達里雅布依に着いたのは23時半という遅い時間になっていたが、考えてみれば新疆時間ではまだ21時半。こちらで暮らしている人にすればまだそんなに遅い時間ではない。

人が住んでいる立派な建物の軒先にテントを張った。この建物にはケリヤ人親子（母と娘）が住んでいて、勿論地元の出身とのこと。ウイグル人二人はこの家に泊めてもらったが、メイメイティーさんは外にあるベッドで寝た。風さえなければ、星を見ながら寝るのも悪くはないだろう。我々は日本から持ってきた食料を調理した晩飯に酒を飲んで寝た。

一番星

【ケリヤ人について（予備知識）】

ここはケリヤ人の郷である。ネットで見つけた情報では、ケリヤ人が暮らすダリヤブイ（达里雅布依）とは、达里雅（ダリヤ）はウイグル語の河、布依（ブイ）は岸辺という意味らしい。総人家305戸、総人口1321人の村で、ケリヤ人はケリヤ（克里雅）川の中下流域の両岸に住んでおり、于田からケリヤ川に沿ってタクラマカン砂漠を約220km北上すれば、ケリヤ人に会える、とある。

この集落の歴史を全く知らないで歩いたが、調べると以下のようなところであった。

〈ケリヤ人はどこから来たのか？〉

①タクラマカン砂漠の土着民族であろうとする説

②東に約450kmの位置に2000年前に栄えた楼蘭王国の末裔とする説

③南に約900kmの位置のチベットの阿里地区にかつて栄えたグゲ王朝がラダック王朝に滅ぼされた際（1630年）、タクラマカン砂漠に逃げ込んだグゲ王朝の末裔であるとする説

等があり、この③のグゲ説が有力らしい。残念ながら楼蘭王国の末裔ではないらしい。

現在ケリヤ人は行政上ウイグル族に組み入れられているが、生活習慣の多くの面でウイグル族と異なっている、とされている。

〈発見された経緯〉

スヴェン・ヘディンが1896年1月コータンから北へタクラマカン砂漠に入り、古代都市の廃墟を発見。その後、タクラマカン砂漠を横断して、シャヤルを目指して、ケリヤ川沿いに北へ移動中、ガイドから聞いたのが初めてらしい。

その内容は、以下のようなものである。

「町の下手のケリヤ・ダリヤの森のなかには、およそ150人の人達が住んでおり、他の人間とは行き来せず、あらゆる街道から遠く離れて、それ自体一つの世界を構成しており、いかなる政府当局の手もここまでは及ばない、死のように静かな砂漠の海に囲まれたところである。……

ここには羊飼いの家族が二組住んでいたが、彼らは露天で焚き火を囲んでいた。まるで野蛮人のようだった。彼らは小さな子供に取り囲まれていたが、子供達が着ている物といえば、一枚の毛皮だけだった。この泊まり場のそばで、彼らは300頭の羊を放牧していた。男達の幾人かは、われわれがはじめて見るようなとても風変わりな靴をはいていた。靴といっても、それは野生のらくだの足（足だこや蹄のついたまま）をはいていたのである。この野蛮人のような家族もすぐに打ちとけて、みな写生させてもらうことができたほどである。」

＊出典：『スウェン・ヘディン探検記（全9巻）第2巻　アジアの砂漠を越えて（下）』深田久弥ほか監修　白水社

〈発見されてから〉

ケリヤ人は西欧に紹介され一大反響を得るのだが、当のケリヤ人は相変わらず静寂な砂漠の中でのんびりと暮らしていた。20世紀の１９５０年代末には、中国政府の役人がこの地に派遣され、达里雅布依郷を設立し、郷の役所を開いた。しかしながら文革中であったので、ケリヤ人はまたもや人々から忘れ去られた。

その後、20世紀の80年代に石油探査に携わっていた技術者が再発見し、その後多くの報道機関が入り、「タクラマカン砂漠の中央に原始部落を発見す」と大報道があり再度脚光を浴びた。

１９８９年、新疆ウイグル自治区の役人が視察に入り、学校、病院を建て、電気、水道を引き、郵便局や電話局を設けた。ケリヤ人は桃源郷の生活から一気に現代文明の中に引き込まれた。

〈現在の生活ぶり〉

しかし、驚くべきことに彼らは現在に至るまで古濮な民族文化と原始的な生活を保ってきた。彼らは数世代の家族が同じ屋根の下で寝起きし、老人を敬い、外部の者と婚姻する者は少なく、砂漠の原始部落と呼ばれてきた。また、ケリヤ人は遊牧を主としてきたが、現在では農耕も営んでいる。达里雅布依郷には数十戸の人家が集中している。郷政府の管轄する範囲は南北５００km近くに及ぶ。南に住む者が北に住む者の婚礼に参加するには二週間近く掛かるという。郷政府の者がケリヤ村を巡回するにはラクダか馬に荷物を積み、８日を掛けるという。

ケリヤ人が一番困っていたのは水で、郷政府が井戸を掘るまでは大変な苦労があったという。ケリヤ人は达里雅布依郷を引き払い条件の良い土地に引っ越すことを嫌っているらしいが、その理由は、牧畜している山羊はこの地方の草花を食料としており、他の雑草は食べないので引っ越せないのだという。

郷政府は彼らにダカ（大卡）車（大八車に似ている）を給付し、彼らはダカ車で柴木や羊皮を于田県まで運び、貴重な塩や茶と交換している。

5・6（水）晴れ

＊達里雅布依（13：20）―渡渉点（19：10）―克里雅河畔・琼麻扎（19：40）

朝食のうどん

8時に起床。ここの建物には太陽光パネルがあり、竈で食事を作っていた。朝食は手打ちうどんを食べており我々も少し頂いたが美味しかった。昨年、日本人が来たと言っていた。写真も見せてもらった。やはり日本人は結構来ているのではないかと思う。

集落内を歩く。驚いたことにこの集落には大きな学校もある。学校の中を見せてもらうと、丁度、朝礼のようなものをやっていて、50人くらいの子供達が校庭に整列していて、太極拳のような、いや太極拳とも違う規律正しい体操のようなものをやっている。これはラジオ体操とも違う。中国のラジオ体操は、やったことがあるが基本的に日本のそれと似ていて、ただ少し長いのでやっているのが嫌になってしまう。上海の駐在員時代に、時々、デパートなどの店員がやらされているのを目にしたことがある。自分の

達里雅布依の学校

いた現地法人でも初めラジオ体操を取り入れていたが、精神論を強要しているような感じになってしまったので中止した。

ここの小学校で行っている体操は、おそらくケリヤ人やウイグル族の民族的なものとは関係なく、漢民族の先生に強いられているものではないか。少なくともケリヤ人は静かに生きてきた人達なので、自主性を尊重してもよいと思うが、中国では無理だろう。学校内では、黒板に「三風一訓」が掲げられ、①校訓：自信、友愛、勤労、拓新、②校風：自律、自強、自信、③教風：厳謹（慎み深い）、務実（実務に励む）、身教（自分が手本になって教える）、④学風：勤学（よく勉強する）、力行（努力して行う）、尚美（美を尊ぶ？）と漢字で書かれ、隣にウイグル語が記されていた。中国は、表面上少数民族を優遇する政策を取りながら漢民族化することをやっていると言ってよいと思うが、ここのケリヤ人の小学生達は幸せなのだろうか。子供の表情を見る限り不幸な様子には見えないが、大人になってどう考えるのだろうか。大人になってもケリヤ人は、この土地を離れず静かに生きて行く道を選ぶのであろう。新疆ウイグル自治区は、暴動発生を恐れているらしく非常に規制が厳しいが、ここは確かに桃源郷なのかもしれない。

小学校を出て集落を歩いてみる。商店や食堂もあり、苦労したらしいが井戸水も豊富。ただし塩辛い。大きな病院の跡地があるところを見ると、このケリヤ人の集落は、かつてはもっと大きかったのかもしれない。確かに静かな集落で、全く普通に人が生活している。

今日は風が強い。小学校の裏の砂丘に登ってみたがすぐに砂まみれになってしまう。今回は勝手に歩く自由はないが、こんな日は歩きたくない。

達里雅布依の学校

泊めてもらった家の人も小学校の近くに来ていたが、女性達が集まって井戸端会議のようなものをやっている。昼にその中の一軒に呼ばれチャーハンを御馳走になったので、日本から持ってきたお菓子等をお礼に渡した。

昼食後、今日の宿泊場所であるケリヤ川の対岸の宿泊所を目指し出発。昨夜通った道を引き返す。途中、昨日山羊を轢いてしまったところで、ドライバーのリジャップさんは山羊の持ち主に４００元支払っていた。

要所要所で車を降りて、写真を撮りながら本日の宿泊所に行くためのケリヤ川の渡渉点まで進んだ。

上：井戸水　中：ケリヤ人宅　下：太陽光パネル

対岸への渡渉点に着きクラクションを鳴らすと、対岸から爺さんがトラクターに乗って川を渡ってきた。当初、我々も靴を脱いで渡渉するのかと思っていたが、トラクターに荷物と我々が乗り一気に渡る手筈になっていた。爺さんは川の浅瀬を探していたが、そのルートに沿って我々を乗せたトラクターは一気に川を渡った。トラクターに乗って川を渡るなど初めての体験だが、なかなか爽快である。

宿泊所は山小屋のようなところで、なかなか良いところだった。この爺さんもケリヤ人だろうと思うがとても働き者で、家族は奥の部屋でくつろいでいた。今日の宿泊者は我々のみ。冷蔵庫もあったので于田で買ったビールを入れさせてもらった。ここでは食事も出たしテントを張る必要もなかった。快適

上：ケリヤ川を渡る　中：宿泊した小屋

な小屋である。

今日も夕方になると風が弱まった。夕方、小屋の近くを散策する。ケリヤ川沿いを歩いていると、本当にここが砂漠かと思うような風景。夜になると星が綺麗だった、天の川がよく見えた。冷蔵庫で冷えたビールを飲みウイスキーを飲んだ。椎名誠は、毎晩レミーマルタンを飲んでいたらしいが、それにならい我々も成田空港で買い込んで持ってきたウイスキーを飲んで寝た。

5・7（木）晴れ

＊克里雅河畔・琼麻扎（9：15）—渡渉点（9：35）—関所（12：50）—于田（14：00）—和田（19：10）

「琼」という字は、調べると「美しい玉」という意味である。もしかしたらここは玉がよく産出するところなのかもしれない。

朝起きてケリヤ川の畔へ行くと薄雲を通して日の出が見えた。薄雲がレンズ効果となり、結構綺麗だった。高台に登りケリヤ川方面を眺めると、やはり砂漠に来たような感じがしない。北海道で釧路湿原を眺めているような気分になる。しかし反対側を見ると砂漠。今回見た景色からはタクラマカン砂漠の全体像は想像できない。

何せ川があり樹木が多い。10月にはその樹木が色づいて綺麗だという。草原も多いし人も住んでいる。昨年行ったバダインジャラン砂漠とはかなり違う。法政大が入った辺りはこんな感じだったのであろうということがよく分かった。法政大の記録を読み直してみると、ケリヤ人の家を訪問し、言葉が通じな

いまでも交流し、女性上位の話や三世代が同居しているという記述がある。

また、「砂漠と言えば草一本生えていないところ、と思われがちだが、移動しつつある砂丘を別にすれば、それなりの動植物がいて、ひとつの生態系を作っている。タクラマカン砂漠にはタリム川、ホータン川をはじめ多くの河川が流れ込んでいる。その川沿いには、人間も含めてかなり豊かな生物の営みがある。」という記述もあり、まさにその通りだと思う。さらに植生に関しては「上空から砂漠を見て、川の流れているところはすぐにわかる。それは曲がりくねった緑の帯である。川の両側には胡楊の木が生えている。砂漠の中の川は、下流の方では岸が定かでない。どこに流れているのかわからないが、緑のあるところが川である。川近くで目立つ植物の一つはタマリスクである。」という記述もまさにその通りだと思う。タマリスク（Tamarix）については、椎名誠も『砂の海』の中で記述しているが、ギョリュウ科のかん木で、中国名「紅柳」という。塩水を吸っても成長できるのが特徴ということで、枝を折って舐めてみると塩辛いらしい。

ケリヤ川をトラクターで渡り車で帰路に就く中で、「このケリヤ川沿いのコースは、タクラマカン砂漠のオーソドックスな観光コースになっていくのではないか」とぼんやり考えていた。するとリジャップさんのところにかかってきた電話に出ろと言われたので出てみると、中国の旅行会社の人（日本語を話す女性）で、秋の葉が色づく頃にまた来ませんかと勧められた。どうもここは、新疆ウイグル自治区が今後入り難くならない限り、観光コースになるところなのだと思った。その場合、ケリヤ人への影響は大きいのではないか等とも考えてしまう。しかし中国はこれからどうなるか分からない。何せここは暴動も多発している新疆ウイグル自治区である。とりあえず、これは２０１５年の記録として留めておこう。

砂漠でのポーズ

最後、砂漠らしい風景のところで車を止めてもらい、内海さんは「砂漠の上に大の字になって横になり天を仰ぐ」という椎名誠が楼蘭に行くにあたり、井上靖に約束したというポーズを取ってタクラマカン砂漠との別れを惜しんだ。今回の旅は、ろくに歩くこともできないし、足止めされた時間も長くイライラすることも多かったが、内海さんはこんなこともあるということをよく分かってくれていた。変なところに行く場合、うまくいかないことも多いということを分かってもらえる人でないと辛いが、内海さんは最高の人である。感謝したい。
于田に着くと、行きに乗ってきた人をまた乗せて和田へ向かった。

和田へ帰ると李社長が待っていた。感想を聞かれたので「とてもよかった」と中国語で答えたが、納得した顔ではなかった。とにかく中国と日本との関係が悪いので安全第一で行動しなければならないことを最後まで強調していた。またこのとき聞いた話では、２０００年に日本隊16人（男６人、女10人、内ＮＨＫ９人）が、麦蓋提県→若羌県まで１５００㎞を46日で歩いた記録があるということだった。テレビ朝日の番組で椎名誠が楼蘭に行った話は、聞いてみたが知らないということだった。

夕食は外の食堂で摂ることは止め、ホテルで売っているビールを主体に、外で買ってきたシシカバブとナンを食べたが、これがここでは最も良いことに気付いた。シシカバブもナンも美味しいので酒が飲めるホテルでの食事がベストであろう。和田最後の夜なので、内海さんと夜遅くまで話し込んで寝た。

▲和田玉

◀気に入らない像

5・8（金）晴れ

＊和田・ホテル（13：20）—和田空港（13：40／14：30）—ウルムチ空港（16：20）—ウルムチ・ホテル（17：00）

朝、バザールへ行き土産を買う。せっかく来たので和田玉も購入した。12時にホテルに迎えに来ると言っていたが、13時になっても来ないのでドライバーのリジャップさんに電話をするが通じない。仕方がないので鄒さんに電話すると、何と李社長が来た。何か行き違いがあったものと思われるが、空港には余裕で着き、最後に李社長にお礼を言って別れる。

ウルムチでは、明日の朝、博物館でミイラを見ようと思っていたが、開館時間が10時からと遅いことに気付き、急遽この日の夕方に行くことにした。閉館時間が18時なのでホテルにチェックイン後すぐにタクシーを拾って博物館を目指した。しかし、何ということか博物館のある通りが全面工事中でタクシーの運転手も場所が分からず、タクシーを降りてからも探すのが大変だった。当然時間に間に合わず、博物館の場所を確認するのみで帰ることになった。

内海さんは楽しみにしていたので申し訳なかった。いくら道路が工事中だったとはいえ、計画に余裕が無かったことが敗因で反省した。仕方がないので、ホテルに帰る途中で冷えたビールのある店を探して食事をした。庶民の入る店だが美味しかった。新疆ウイグル自治区での食べ物は、日本人に合っていると思う。うどん類、ナン、肉類等食べやすいものばかりだった。

5・9（土）晴れ

＊ウルムチ・ホテル（10：00）―ウルムチ空港（10：30／12：40）―上海浦東空港（17：05）―静安寺ホテル（18：50）

ウルムチ空港ではセキュリティーチェックが厳しく、また靴まで脱がされた。出発2時間前までに空港に行くようにという意味はここにあるらしい。

上海では、現地法人に出向している後輩と日本料理屋で酒を飲み、翌日帰国した。

（5）おわりに

今回私は、仕事で面倒なプロジェクトに入っていて忙しく、旅に出る余裕は本当はなかったという中、タクラマカン砂漠へ出かけた。そのため準備が不足していた点はあったと重々反省している。事前に目を通した文献は、法政大学・岳真也の『タクラマカン砂漠漂流記』（1993年）と椎名誠の『砂の海』

上：ケリヤ川から水を引く　中：学校の鐘
下：達里雅布依の教会

（2000年）の2冊である。特に今回は、法政大学が行ったケリヤ川周辺にあたるので、昨年に行ったバダインジャラン砂漠とは随分趣が違うなということは文献から感じていたが、深く考える余裕が無く飛び出してしまった。特にケリヤ人については認識が不十分のまま出かけてしまった。

この報告書を書き始めたのは、最悪なプロジェクトの仕事が終わった8月以降であるが、なかなか筆が進まなかった。今回のタクラマカン砂漠は、昨年のバダインジャラン砂漠のように歩けたわけでもなく、ただ行ってきただけという印象が強かったからである。しかし9月だったか、旅行社の邹さんからタクラマカン砂漠の写真を送ってほしいという要請があり、达里雅布依（ダリヤブイ）郷の小学校での

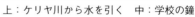

写真、動画を見直したとき、新疆ウイグル自治区にしてはこの人達は随分おとなしいし親切だった人達だったことを思い直し、ケリヤ人を調べるに至った。

その結果、発見されたきっかけはスヴェン・ヘディンであり、純朴に静かに暮らす人達であることを知った。

「ケリヤ人はウイグル族の一支族で、伝えられるところによれば、400年あまり前に、彼らの祖先がここへ移住してきたという。今や、どの家の周りにも一面のコヨウ（ポプラの一種）林があり、やぎを飼育している。彼らは単純かつ豪放で、悩みも紛争もなく、欲もない。彼らは波乱万丈の歴史を経てきて、祖先を畏敬し、礼儀を重んじ、年長者の前で大声でけんかをしたりすることなく、敬虔に信仰を保っている。彼らはイスラム教を信奉する。冠婚葬祭が行われるときには、一族ははるか遠くから集まってきて、たとえ子どもの葬礼でも、村全体で声をあげて泣く。ケリヤ人はたばこを吸わず、酒も飲まない。道に物が落ちていても、勝手に失敬してしまうような人もおらず、とても純朴な風俗を保っている。彼らは独特の精神世界を形成し、世間と隔絶した生活を送っている。長い間、彼らはここで生活し、代々安楽な生活を送り、昔からの習俗に従い、古い文明を伝承し、たくさんの魅力的な景観と感動的な物語を作り出してきた。」

このようなケリヤ人の知識が入ってから、再度今回の旅を思い出し考えてみると、実はなかなか面白いところへ行ってきたのだと思い直した。

私は、この様な純朴な人達を見るとアイヌ民族を思い出す。アイヌ民族が和人に騙される話やその悲劇的な歴史は文献等でよく読まされてきたが、ケリヤ人には、そのようにならず何とか変わらずにいてほしいと思った。我々は一観光客として入ったが、よいことなのであろうか？　観光客が増えれば変わらずにいるというのも難しいであろう。奥まで入ってみたいとかいう気持ちと矛盾するが、ケリヤ人の郷をできるだけ静かにしておいてあげたいと思った。

ケリヤ人の郷　達里雅布依

2．グルバトングータ砂漠とクムタグ砂漠（２０１７年４月29日～５月６日）

（1）はじめに

新疆ウイグル自治区は、２０１５年５月にタクラマカン砂漠に行って以来である。砂漠に入るための許可がなかなか下りずに苦労した。新疆ウイグル自治区の旅の難しさはこのときに体験して分かっていたが、グルバトングータ砂漠は中国第２位の大きさということで行ってみようという気になった。例え最悪何をしに行ったか分からないような旅になってしまっても、どうせ一人旅なので同行者に迷惑をかけることもなく構わないと思った。

また現地からの情報では、グルバトングータ砂漠は降雨が多くて、砂漠にある植物は砂漠の代表ではないとのこと。また距離はあるが楼蘭の北方に位置するクムタグ砂漠も勧められたのでこの砂漠も行くことにした。

昨年のトングリ砂漠は、いつも私の勝手な旅を手配してくれている旅情中国の鄒さんの勧めで中国人のツアーに入ったが、今回は中国人のツアーも見つからないということでいつも通りの個人旅行となった。何かと監視の厳しい新疆ウイグル自治区なので仕方がない。

また今回は鄒さんの出産と重なってしまい鄒さん自身が忙しくなってしまった。旅の手配は代わりの人に代行してもらうのかと思っていたのだが、出産をしながら鄒さん本人が進めてくれた。全く頭が下がる。

(2) 日程

	行程	宿泊地
4/29（土）	成田（9：40 JL783）—上海浦東（12：00/15：45 HU7790）—乌鲁木齐（22：50）	乌鲁木齐
30（日）	乌鲁木齐—吐鲁番—鄯善县　350km	鄯善
5/1（月）	沙漠公园处—栏杆乡：10km、一天走完	鄯善
2（火）	鄯善—乌鲁木齐—吉木萨尔县五彩湾古海温泉	吉木萨尔县五彩湾古海温泉
3（水）	酒店—五彩城景区—火烧山—酒店　100km	吉木萨尔县五彩湾古海温泉
4（木）	酒店—乌鲁木齐（单程200km）乌鲁木齐（11：50 CZ26973）—上海虹橋（16：15）	青浦
5（金）	青浦滞在	青浦
6（土）	上海浦東（11：50 JL874）—成田（15：50）	帰宅

(3) メンバー

大谷単独

〈新疆ウイグル自治区と砂漠の位置〉

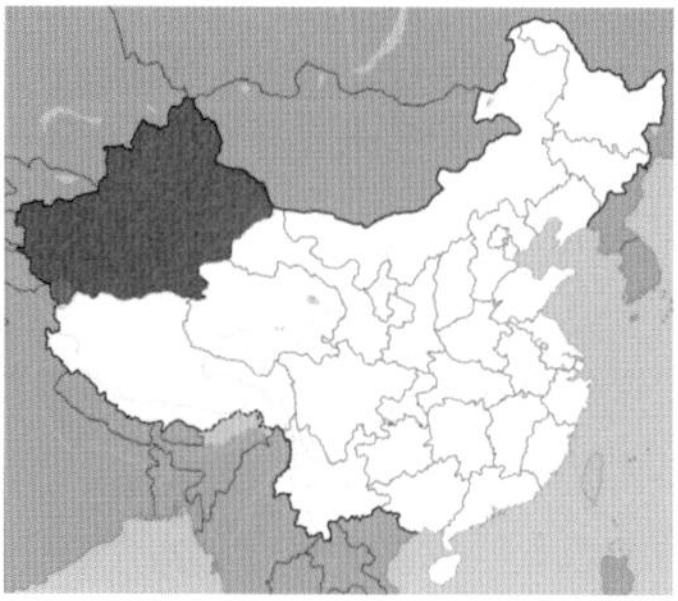

新疆ウイグル自治区の面積 165 万㎢は中国の省・自治区の中で最大であり、中国全土の約 1/6 を占める（日本の約 4.5 倍）。ただし、面積の約 4 分の 1 は砂漠が占めており、これは中国の砂漠総面積の約 3 分の 2 に相当する。総人口は約 1,900 万人で、その 3 分の 2 は漢族以外の少数民族である（ウイグル族：45%、カザフ族：7%、回族：5%、キルギス族、モンゴル族、東郷族、タジク族、シボ族)。省都は烏魯木斉（ウルムチ)。

新疆ウイグル自治区は中国の最西部に位置しており、東部から南部にかけて、それぞれ甘粛省、青海省、西蔵自治区と省界を接している。また、インド、パキスタン、アフガニスタン、タジキスタン、キルギス、カザフスタン、ロシア連邦、モンゴル国の 8 カ国と国境を接している。

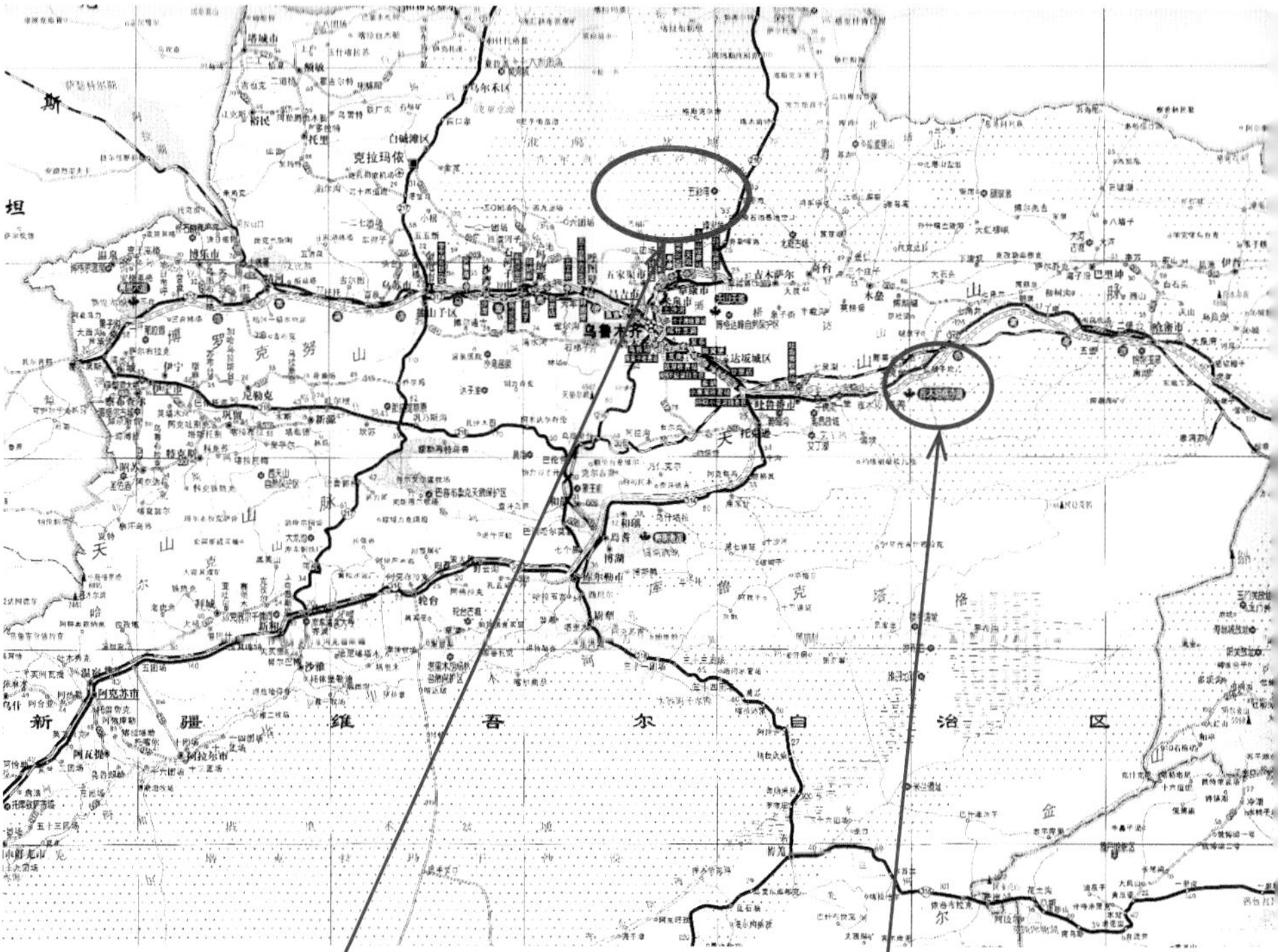

グルバトングータ砂漠（古尔班通古特沙漠）

クムタグ砂漠（庫木塔格沙漠）

①グルバトングータ砂漠（古尔班通古特沙漠）とは（AraChina「グルバトングータ砂漠」より）

グルバトングータ砂漠は中国の天山山脈の北、新疆ウイグル自治区ジュンガル盆地の中部にある。面積は4万8800㎢あり、中国第2位の砂漠である。索布古尔布格莱砂漠、霍景涅里辛砂漠、徳佐索騰艾里松砂漠、阿克庫姆砂漠の4つの砂漠からなる。グルバトングータ砂漠は主に固定砂丘と半固定砂丘で、総面積の97％占める。固定砂丘の植生面積は40％～50％に達し、半固定砂丘の植生面積も15％～25％に達する。この砂漠の南部には数多くの農牧場が帯のように分布している。その内でも北塔山牧場と芳草湖、新湖、一〇七、一〇二など農場は砂漠の内部へ伸びている。古駝道はグルバトングータ砂漠を横断し、アルタイ市へ向ける。途中の広大なオアシスには、草1本も生えない流動砂丘、荒漠の植生を守る自然保護区、風侵蝕で形成されるヤルダン地貌がある。さらに北庭都護府遺跡、大清真寺、烽火台、馬橋古城、西泉精錬遺跡、新渠城遺跡など数多くのシルクロード遺跡も残されている。

②クムタグ砂漠（庫木塔格沙漠）とは（「ウィキペディア」の「クムタグ砂漠」より）

クムタグ砂漠（中国語：庫木塔格沙漠）は、中国新疆ウイグル自治区の北東部から甘粛省西部にかけて広がる砂漠である。面積は2万㎢以上に及び、拡大しつつあるといわれている。

ウイグル語で「クム」は砂、「タグ」は山を意味する。敦煌ヤルダン国家地質公園には、さまざまな形状のヤルダン（雅丹）と呼ばれる地形が見られる。西湖自然保護区には、世界遺産（文化遺産）に登録されている莫高窟や、観光地の月牙泉がある。また、中国の「一級保護生物」に指定されている野生のフタコブラクダがこの砂漠で冬を越す。

砂漠の北西には天山（テンシャン）山脈、南には阿爾金（アルチン）山脈が連なり、かつては数十の内陸河川が流れていた。その中のひとつ疏勒河は、西側に隣接するタクラマカン砂漠のさまよえる湖（ロプノール）に注いでいるとされていたが、ヘディンは「疏勒河とロプノールの間には明確な尾根が存在するので、ロプノールには流れ込んでいない」と述べている。

（4）行動の記録

2017・4・29（土）　上海：晴れ

＊成田（9：40）―上海浦東（12：00／15：45）―ウルムチ（22：50）―ウルムチ・東方王朝酒店（23：30）

私が上海駐在員時代に居た会社である上海昭和高分子有限公司では社内旅行でチベットと新疆ウイグル自治区は禁止にしているという。それだけ漢民族にとっては危険地帯という認識になっている。２０１５年に行った新疆ウイグル自治区のタクラマカン砂漠でも思うように行かず苦労したが、また自由の利かない新疆ウイグル自治区へ行く。それも一人で。

昨年は会社を辞めてやろうと真剣に考えたが、まだ会社は辞めてない。やや心境が変わり、やり残した仕事を残された定年までの３年という時間でやってみようという気になった。自分のために。

飛行機の中ではヘディンの『さまよえる湖』を読みながら新疆を目指した。１９３０年頃の楼蘭、ロプノールの探検の話だがさすがにすごい探検記である。自分も探検志向だが足元にも及ばないし、今の時代とてもこんな探検などできやしない。今回の自分の旅は、新疆ウイグル自治区の砂漠がただどんなところかを見てくるだけである。

上海浦東空港ではすぐに換金した。30万円＝1万7198元（手数料：50元、1元＝17・44円程度）。今回の旅行代金は1万3970元。今年は高いが仕方がない。国内線でのチェックインは混んでいて時間がかかった。労働節で出かける人が多いらしく空港も人が多い。待ち時間にバドワイザービールを買って飲むがさすがに美味しくない。成田空港で飲んだ生ビールは美味しかったが当分美味しいビールは飲めない。

ウルムチ行きはフフホト経由の便。フフホトは初めてなので空港の中を少し歩いてみた。乗った飛行機は中国南方航空だが、驚くべきことに上海〜フフホト間とフフホト〜ウルムチ間の両方で食事が出てきた。ビールも飲めた。

ウルムチ空港ではドライバーの賀文輝（He Wen hui）さんが迎えに来ていた。賀さんは漢民族で40歳。映画『男はつらいよ』に出てくるタコ社長に似ている。明るそうな人なので安心する。ホテルで旅行代金を支払い、日本のお菓子をお土産として渡す。

中国は時差はないが、実際にはウルムチでは2時間の時差で生活している。従って明日の朝食は8時半で9時出発。

4・30（日） 晴れ

＊ウルムチ・東方王朝酒店（8：50）—トルファン（11：00頃通過）—鄯善県魯克沁鎮区（12：00／14：00）—吐峪溝景区：峡谷風光、麻扎、古村落（14：30／15：50）—鄯善鎮・西游酒店（17：00）

朝ホテルの朝食会場に行くと日本人がいたのでやや驚いた。シルクロードを旅する日本人15人のグループとのこと。莫高窟とかへ行ったのだろう。手早く朝食を済ませチェックアウトを済ませるとドライバーの賀さんが時間前だが来ていたのですぐに出発。いよいよ新疆ウイグル自治区の旅が始まった。

高速道路を東へ向かうが警察の検問が所々にあり、その度にパスポート提示の準備をする。必ずしもパスポートを出さなくてもよい場合もあるが、車の中を見せて検問を通過する。この日一日で10回以上検問を通過したが、日本人だと言うと皆目を丸くする。ドライバーの賀さんは慣れているのかいつも笑っている。日本人を見ることはまずないのだろう。２０１５年にタクラマカン砂漠に行った時も途中の町で物珍し

上：ドライバーの賀さん（タコ社長に似ている）
下：風力発電地帯

がられた。
高速道路からの景色は風力発電の風車ばかり。それに後で多く目にしたものは原油掘削と火力発電とエネルギー資源が多い。風も資源と言えるのだろう。核実験場もロプノール付近にある。資源が多いので多くの漢民族が入り込んでいるらしい。
風車の数は本当に多い。何と言っても中国の風力発電の数は断トツで世界一位。林立状態で風車同士が接近し過ぎているためか回転してないものも多い。それにしてもここは砂漠だ。砂によるエロージョンが激しいのではないか。メンテナンスが大変だと思うが、もしかしたら何もしてない？　私は会社で新規事業や新しいテーマを探す仕事をしているが、風車のブレードのエロージョン対策用塗料の可能性も考えているのでつい真剣に見てしまう。

新疆ウイグル自治区の資源（ウィキペディアより抜粋）
石油と天然ガスの埋蔵量が豊富。タリム油田、ジュンガル油田、トゥハ油田が三大油田で、トゥシャンツー、ウルムチ、カラマイ、クチャ、タリムに精油工場があり五大製油所となる。石油は中国全体の28％の埋蔵量で、天然ガスは33％の埋蔵量。パイプライン敷設や送電線建設などが活発化している。

トルファンでドライブインのトイレに入って驚いた。入り口で金属探知機で検査をされた。この監視体制を見てもやはりここは暴動がいつ起きるか分からない地域ということか。中国ならヨーロッパでよくあるイスラム国のテロの心配も少なく北朝鮮からミサイルが飛んでくることもないので安全だと思っていたが、新疆ウイグル自治区は元々中国が持つ別の意味での注意が必要なことは確かだと思う。

上：お茶を頂いたウイグル人の家
下：昼食の麺、水で戻している

上：公安　下：鄯善県魯克沁鎮区

トルファンを出て、まず吐峪溝景区を目指したが途中警察の検問のため渋滞していたので、まず鄯善県魯克沁鎮区を目指した。途中でついにパスポートを見せなければならない検問に遭った。パスポートを見せると「日本人か」と言うので「日本人だ」と答えた。どこへ行くかは賀さんが答えてくれたが、何しろ態度がでかく気分が悪くなった。

鄯善県魯克沁鎮区は歴史的な町で史跡に連れて行ってもらうはずだったが、魯克沁鎮区に入ると沿道に多くの人が横断幕を出して何かが来るのを待っている。道の端に車を止めしばらく様子を見ていると警察隊の車両の大行進が続いた。賀さんが旅行会社に電話をして確認したが、どうも新疆にとっては特別な日らしい。「民族団結」を謳っているように見えるが、沿道に出ている人達は強制されているようにも見える。どうも労働節の辺りは動くにはよくないのかもしれない。結局、安全のため史跡に行くのは中止として集落の中を歩いてみることにした。ウイグル人の家でお茶を御馳

上：吐峪溝景区：峡谷の崖
下：吐峪溝景区：峡谷

上・下：吐峪溝景区：古村落

走になった。この家の人は警察隊の大行進などただ煩いだけで全く関心ないといった感じだった。

昼食は麺を食べる。冷やしうどんの上に野菜炒めが載っているもので美味しいが量が多すぎる。当然ビールはない。二人で30元。茹でた麺を水でもどしていたのでやや不安があったが、それが本当に的中することになるとはこのときは思わなかった。

昼食後に吐峪溝景区というところへ行く。入場料：30元。歴史的な建物が多い。漢の頃から栄えていたらしいが今残っているものがいつの時代の頃かはよく分からない。賀さんの話では千年以上前のものとのこと。イスラムの寺院もあった。人類は1万年前から住んでいたらしい。

またここは峡谷もすごいスケール。天然の要害か。水の力で地層に沿って削れたような崖が続くが、これは雪山からの雪解け水の流れによるものと思われる。さまよえる湖ロプノールが存在した時代もあることを考えると時代によって雪解け水の量も違うのだろう。

現在の流れは峡谷の遥か下の方を流れる小さいものだった。

鄯善（ブリタニカ国際大百科事典などを参考に要約）

トゥルファン（吐魯番）盆地の東に位置する。漢代の西域の国名。旧名楼蘭。中国天山南路南道の要衝にあって、前1世紀から5世紀にかけて栄えた古代オアシス国家。5世紀に吐谷渾（とよくこん）に征服されて独立を失い一時隋が支配。7世紀にチベット人の支配に入ったときには、鄯善の称はすでに失われていた。

清代には鄯善県が置かれた。カナートによる灌漑が現在ゆきわたり，綿生産で知られるとともに、ハミ（哈密）瓜の産地としても有名である。

『西遊記』に登場する「火焔山」が県を横切る。鄯善県は古くから東西を貫く交通の要衝で、数多くの民族がここで生活していたため、西域風情の強い独特な文化が形成されている。ウイグル族、漢族、回族などの民族を主体とする音楽、舞踊、慣わし、手芸品が豊富な民族資源を作り出している。

ホテルに入るのにも金属検知器での検査があった。賀さんと夕食を8時にという約束をして私は冷えたビールを探しに行った。ホテルの外へ出て歩くと何と冷えたビールを売っている店を見つけた。迷わず５００㎖を２缶買って部屋に戻って飲む。昼間は暑く薄いビールでも冷えていれば旨いと感じた。テレビのニュースでは、北朝鮮のミサイル打ち上げに関するものやそれに対する日本の対応のようなものもやっていたが、室内にあった鄯善の歴史を記した本に目を奪われた。火焔山南麓の洋海古墓群から青

盛り場で夕食

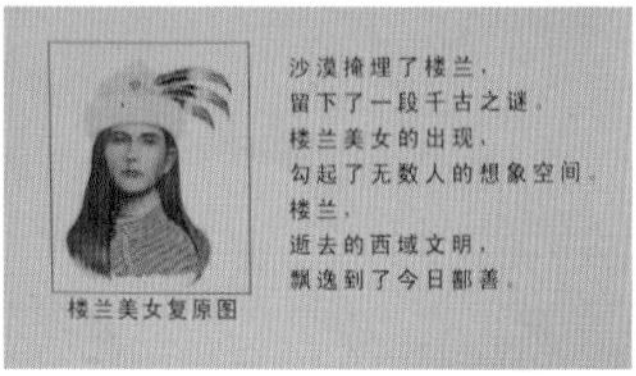

上：出土した人形　下：楼蘭美女

銅時代～唐時代にかけて埋葬されたものということで多数の出土品と共に出土したという人形の写真が出ていた。その時代行き来した人々の姿と思われた。また隣の頁には楼蘭美人の絵が載せられていた。上海駐在員時代に初めて新疆ウイグル自治区を訪れた時ウルムチの博物館で見た美人ミイラを思い出した。

　夕食は盛り場のようなところで冷えてないビール、羊の肉、麺を食べた。二人で89元。どうも今日は食べ過ぎたと思い寝ると下痢で目が覚めた。「やはりなったか」という思いがしたが、明日は砂漠歩きなので下痢止めをすぐに飲んだ。まずは下痢を止めることだ。下痢の原因は食べ過ぎというより昼の麺ではないかと思われた。

5・1（月）曇り時々雨

＊鄯善鎮・西游酒店（9：15）—クムタグ砂漠入り口の反対側（10：55／11：05）—クムタグ砂漠を一人で歩く—クムタグ砂漠入り口（14：30）—賀さんの車（14：50）—鄯善鎮・西游酒店（15：10）

　去年は砂漠歩きが終わってから下痢になったがヨーグルトが効

出発地点を振り返る

クムタグ砂漠出発地点

いたのを思い出し、もしかして朝食会場にヨーグルトがあればと思い朝食会場で探したが無かった。仕方がないのでコーヒーを一口飲んで下痢止めを飲んだ。最悪の状態で砂漠へ行くことになってしまったが仕方がない。

ホテルからクムタグ砂漠は近い。クムタグ砂漠入り口というところは公園のようになっていて入場料を払って入るようになっている。その前で車を止め賀さんに「ここまで歩いて来るのだ」と言われた。賀さんが旅行会社に電話をして日本語を話す人から説明を聞くと「これから車で送るところからクムタグ砂漠入り口まで歩いて来るように。中国人が歩いているから一緒に歩いて来ればよい」との話だった。この話からすると多くの人が歩いているという印象だった。

車は左にクムタグ砂漠を見ながら進み狭い道を左折して進むと、目の前に砂山が広がるところに出た。誰もいない変なところで、まさかと思ったがここがスタート地点だった。車を降りると確かにゴミが落ちていたので人が来たことがある痕跡は確認できた。賀さんは「この砂山を登って車が来た辺りを左に見ながら進め」と言う。何てことはない。「クムタグ砂漠の端の方だが適当に一人で歩いて行け」ということだった。話と違って歩こうとしている人等誰もい

ゴミは落ちていたが人はいない

GPS を頼りに一人で行く

ない。

下痢が治ったかどうか不安だったが、腹をくくって行くしかないと思い準備を進めた。膝にサポーターを巻きスパッツを装着しヤッケを着て帽子をかぶる。水や食料の入ったザックを背負いストックを持って出発した。砂丘を登りながら賀さんに手を振って出発した。日本の旅行会社だったらさすがにこんなことはしないだろう。指導標一つあるわけでもない砂漠を10㎞程度であるとはいえ一人で歩かせるとは…。GPSを持ってきてよかったと思った。砂漠の入り口で地点登録はしてなかったがホテルでは地点登録していた。歩くべき方角は同じはずだ。中国の砂漠は4回目だが、全く一人で砂漠を歩くのは初めてだ。砂丘の上に出るとGPSを首から下げて歩き始めた。

天気は良くない日で時々小雨が降ったが風が無かったので助かった。視界は十分ある。砂漠では雨はよいが風が吹くと大変なことになる。歩き出したコースは砂漠の端の方なので、車で通ってきた辺りが左の下の方に見える。下界を眺めながら山の上を歩いている気分。しかし誰もいない。GPSを頼りに方向を確かめながら歩く。ここも結構アップダウンがあり、急な登りは蟻地獄状態である。

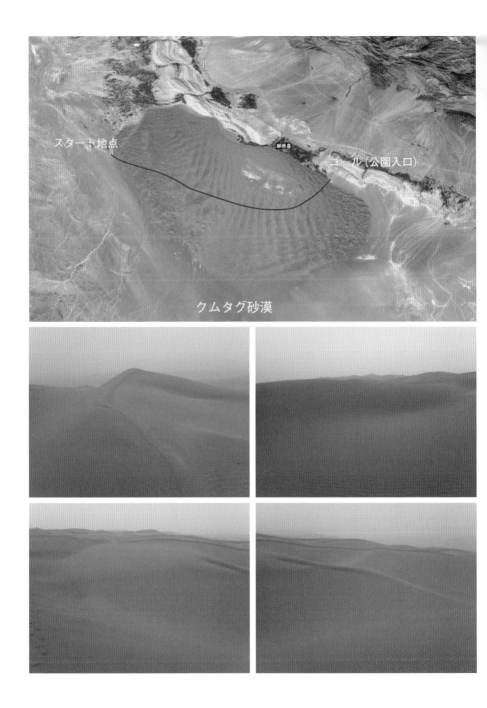

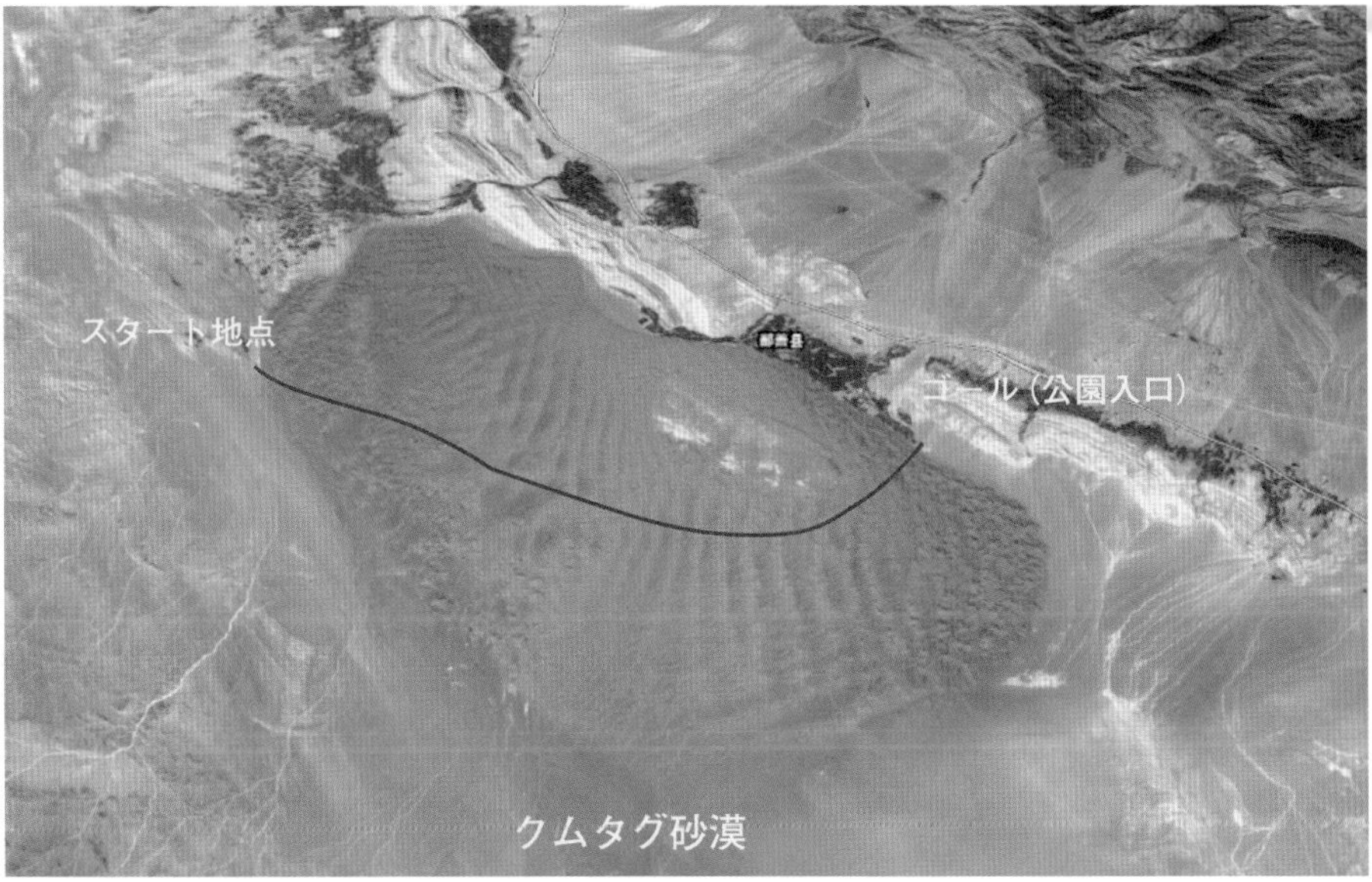
スタート地点
ゴール（公園入口）
クムタグ砂漠

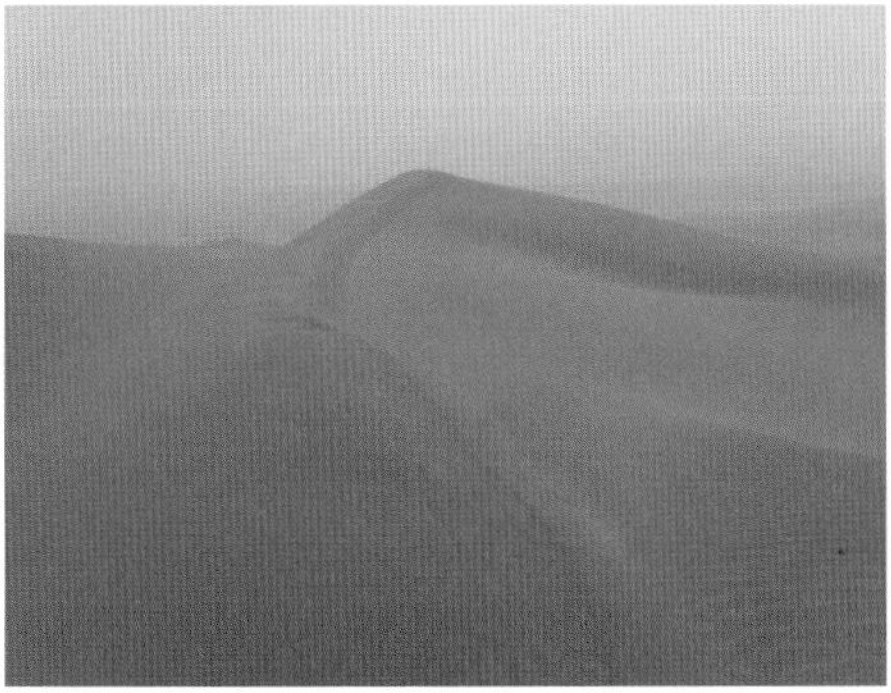

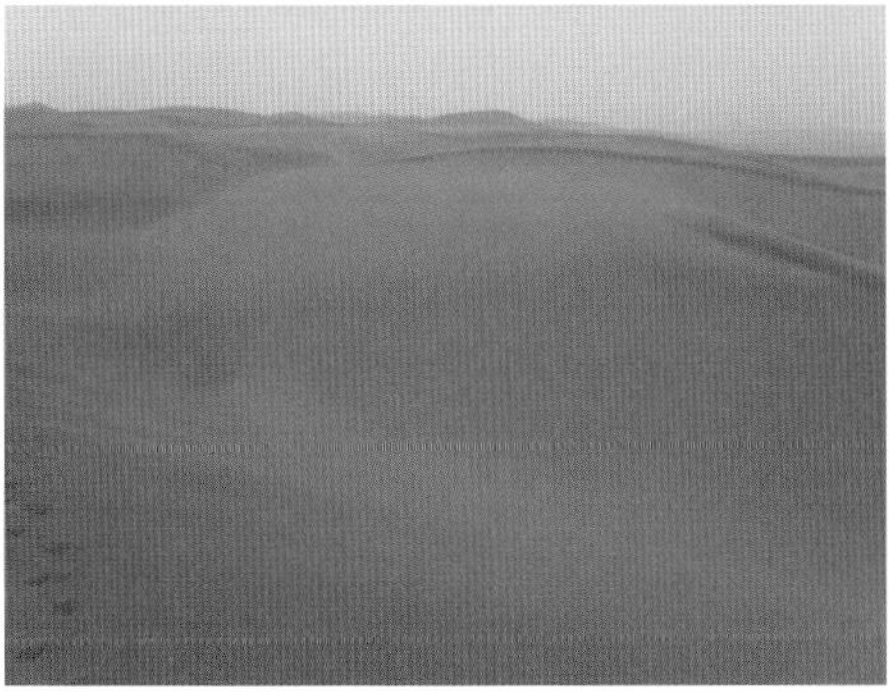

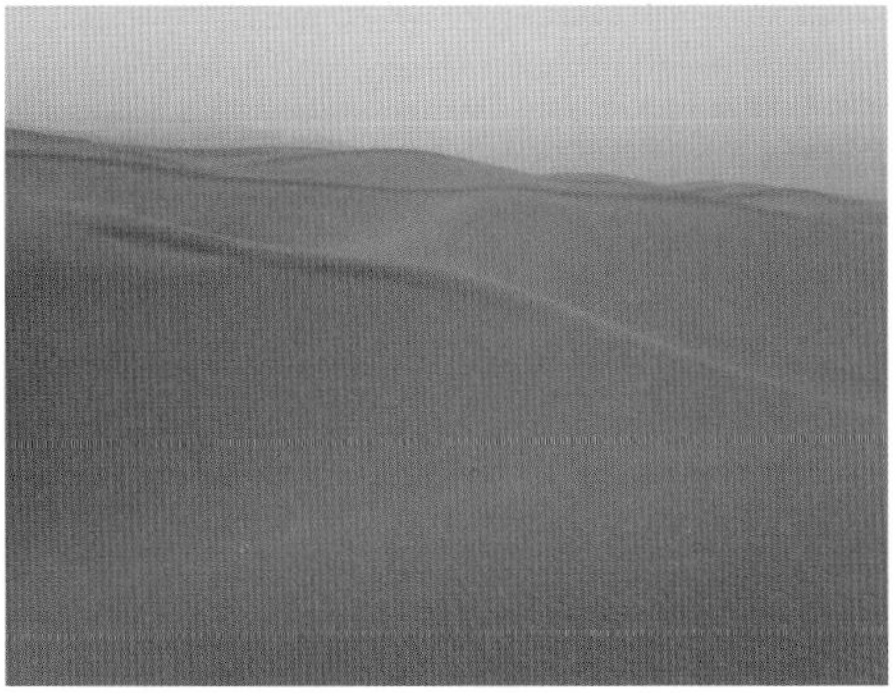

セルフタイマーで撮影

孤独を楽しんでいる。昨年のトングリ砂漠は中国人達と一緒で賑やかだったが今年は趣が全く異なる。自分の写真はカメラを置いてセルフタイマーで撮った。バダインジャラン砂漠やトングリ砂漠で見た綺麗な湖は全く見ることはできず、天気も良くなかったので綺麗な景色を見ることはできなかったが、まさか新疆ウイグル自治区の砂漠をたった一人で歩けるとは思わなかったので不思議な気分だった。

水は飲んだが固形分は何も食べなかったせいか下痢は治ったようであった。これも幸いだった。しかし、たった10㎞だが砂漠歩きなので簡単には着かない。幾つもピークを越えて歩き続けると前方遠くに鄯善鎮のビルが見えてきた。砂漠入り口が近づいてきたことを確信した。さらに進むと観光客らしき人がいて、さらに進むと観光用の4WD車や多くの観光客が出てきた。完全に人の多いただの観光地砂漠になりゴールに着いたことが分かった。公園入口に着き時計を見ると出発してから3時間半経過していた。小雨は降ったが風が無かったので助かった。賀さんの車を探すが駐車場には多くの車が止まっているのですぐには見つからない。15分ほど歩きやっと見つけた。

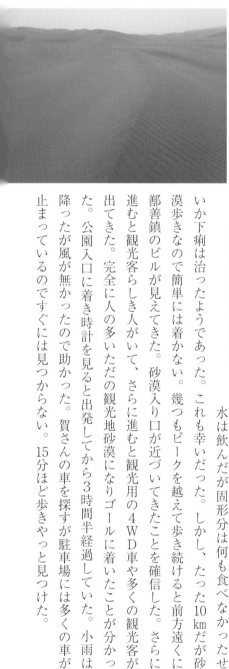

観光客発見、公園入口近し

公園入口から入ったところ

公園入口

ホテルに戻ると賀さんが「これから昼食を食べに行こう」と言う。私は「砂漠を歩きながら食べたので要らない」と断り、シャワーを浴びて冷えたビールを買いに行った。夕食は8時半ということで約束した。

部屋でビールを飲むとやはり下痢はまだ治ってなかった。カロリーメイトを食べて下痢止めを飲んだ。日本に慣れきった体は中国の食事に対する耐性がまるでなくなっている。中国でよく下痢するようになってしまった。昨年の内モンゴルで食べたようなヨーグルトが食べたいと思ったが新疆には無いらしい。今回の下痢が長引かずに治ってくれることを祈る。

夕食は牛肉とハルサメの入ったスープで軽く済ませた。二人で36元。どうやら下痢は治まったようだった。

5・2（火）　曇り↓晴れ↓嵐

＊鄯善鎮・西游酒店（9：50）—火焔山（11：40通過）—トルファン（12：00通過）—達坂城区（14：10／14：50）—グルバトングータ砂漠に入る（17：00過ぎ）—吉木薩尓县五彩湾古海温泉（17：30）

今日は一日かけて車でグルバトングータ砂漠へ移動。まず鄯善県の大規模な原油採取場の中の道に入る。新疆ウイグル自治区は石油資源も豊富であるということを実感する。今日初めての検問では日本人ということでかなり驚かれた。何か珍しいものでも見るような目で見られた。原油採取地帯を抜けると目の前に火焔山が見えてきた。有名な山なので車を降りて写真を撮る。

トルファンでは給油したが、運転手以外は全て車の外に出てガソリンスタンドの前で待っている。全くなんという厳しさか。トルファンを過ぎると今度は風力発電地帯に入る。かなり風が強くなったが回転してない風車も多い。止まっている風車は風が強すぎるためかもしれない。達坂城区というところで昼食。鶏肉、野菜、唐辛子と炒めたうどんを食べた。二人で80元。どうも今日は寒いと思ったが、賀さんの話では新疆のどこかで雪が降っているという。後でテレビニュースを見たが、新疆・大苑圍の国道218（ウルムチの南西の峠道?）で人が腰まで浸かる大雪の映

上：石油掘削風景　下：西遊記に出てくる火焰山

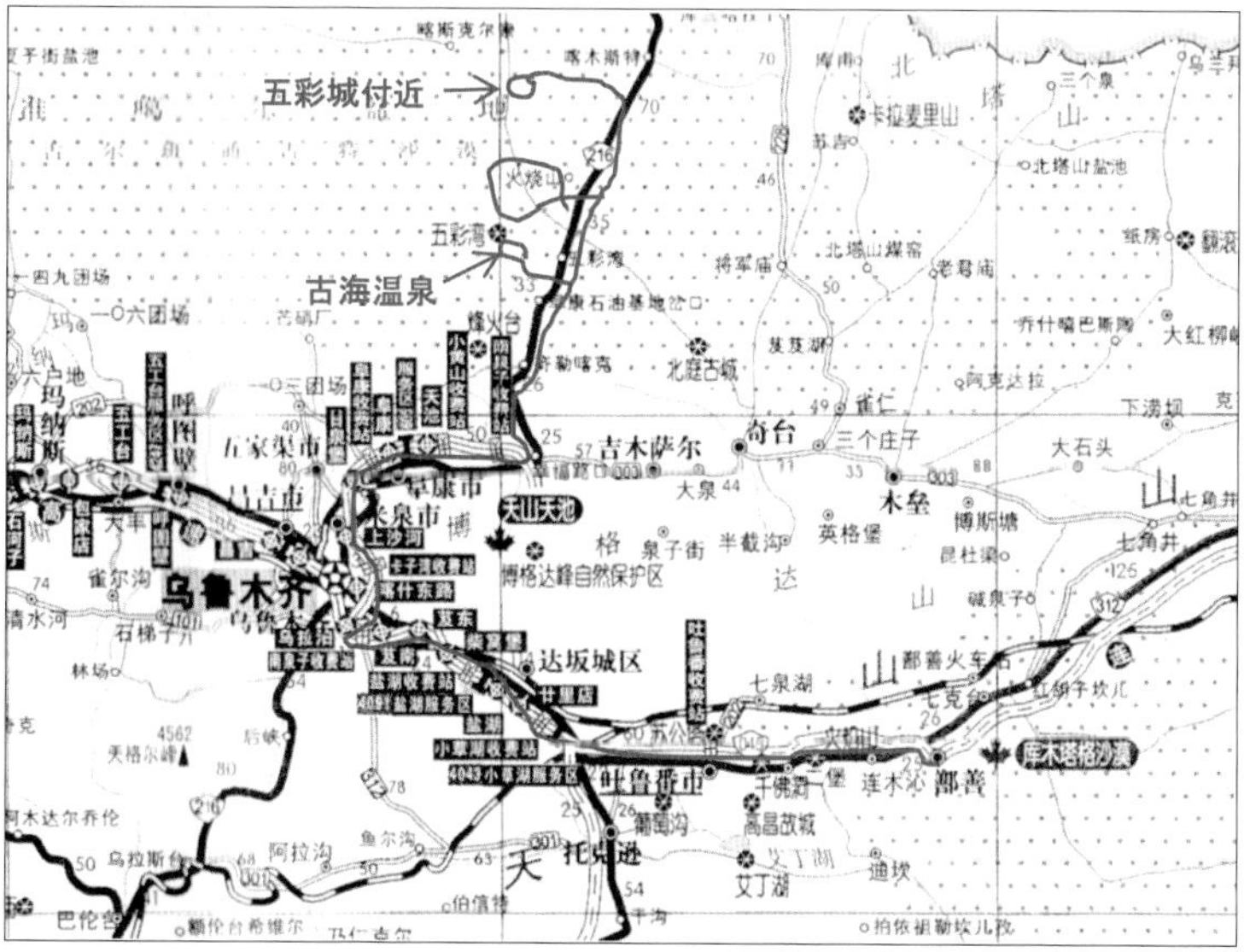

像が流れていた。

天山山脈を右手に見ながら進んでいたが、気が付くと天山山脈を背にする方向に進んでいた。天山山脈の北側に出ていた。有名な天池というところの近くを抜けさらに北に進むとグルバトングータ砂漠に入る。検問を通り吉木萨尔县五彩湾古海温泉に到着したが、強風で雨が降り大嵐だった。ここは建物と言えば吉木萨尔县五彩湾古海温泉度假酒店しかない。チェックイン時に賀さんと受付が何か揉めている。賀さんが旅行会社に電話をして日本語の話せる人が出てきてその人と電話で話したが、「明日予定している場所に入れない」と言っているようだった。どうもこの電話の人は昨日もそうだったが、言っていることが分かり難い、いや全く分からない。いずれにせよ明日行く予定となっているところは観光地らしい（五彩城というところ）ので別にどうでもよいと思った。

賀さんは8時半にサウナに行くと言っていたが、ここは名前の通りの日本のような温泉地だとはこのときは思ってなかった。テレビニュースを見ていると「中国が米国と北朝鮮の仲介をしている」、「韓国が米国に薩徳（サード〈弾道弾迎撃ミサイルシステム〉のことらしい）のことで不満がある」、「日本の自衛隊が米国の船と一緒に行動している」等の報道が流れている。また「北朝鮮が核実験を行う表明をしている」等ということも報道しているが、中国が本当に何をしたいのかはよく分からない。しかし、中国は日本の艦船「いずも」出航に反対らしい。日本共産党の委員長のインタビューを日本語のまま流している。日米同盟にはかなり警戒している様子である。

いつの間にか嵐は治まっていた。今日の天気の変わり方は寒冷前線が抜けて寒気が入ってきたような感じ。8時頃突然停電となり宿泊者が騒いでいる。外は晴れてきたが寒い。8時半に賀さんとホテルの

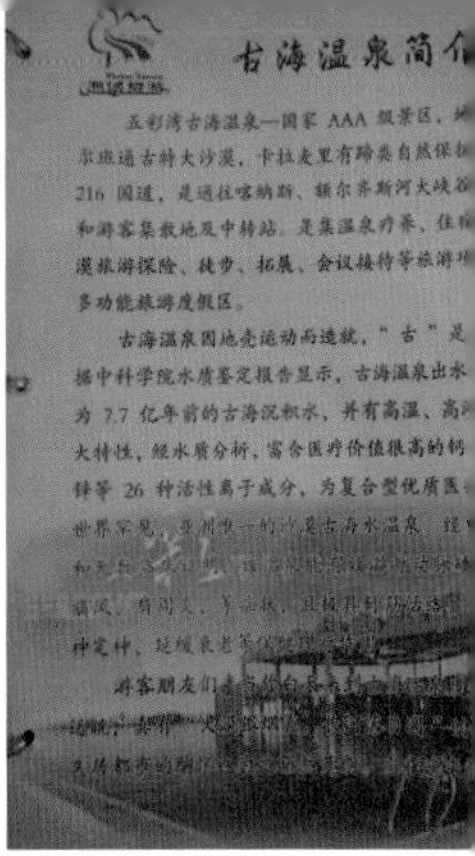

温泉説明書き

吉木萨尔县五彩湾古海温泉

フロントで合流しホテルから歩いて5分位の温泉施設に行く。その隣のレストランで食事をした。ビールにトマト野菜炒め、豆腐、野菜、米を食べた。二人で70元。

その後賀さんが温泉に案内してくれた。驚くべきことにここは日本のような温泉施設だった。古海温泉：75℃、自噴、約7・7億年前の古海沈積、鋰（リチウム）、鍶（ストロンチウム）、鋅（亜鉛）、鉄など26成分と書かれている。入場料：100元で入場し、50元で水着を買い幾つかある露天風呂に入る。プールもあったがさすがに日本風の露天風呂を選ぶ。確かに昔海だったということで塩辛い湯だが悪くない。なぜ食事前に案内してくれなかったのかと思ったが仕方がない。日本人の気持ちは分からないだろう。

しかし新疆まで来て露天風呂に入れるとは思わなかった。新潟県の松之山温泉も昔海だったという温泉だったと思う。中国では駐在員時代に社内旅行で海南島の小魚温泉というその名の通り小魚がいる温泉（小魚が皮膚の垢を食べてくれる）に入ったことがあるが、今回の温泉の方が日本的に思えた。

部屋に戻ると停電は直っていた。テレビニュースでは「中国が米国と北朝鮮の仲介をできるかもしれない」というニュースを流していた。これだけ見ていると日本ではどの様なニュアンスのニュースになっているのか分からない。

5・3（水）晴れ

＊古海温泉ホテル（9：35）—車止め（10：20／30）—グルバトングータ砂漠散策—車止め（12：10）—五彩城入り口（12：25、中に入れず）—火焼山前（12：50）—山頂・625m（13：05）—火焼山前（13：45）—古海温泉ホテル（14：00／15：20）—西へ歩き移動式砂漠へ—移動式砂漠（16：20／16：30）—古海温泉ホテル（17：50）

レストランに五彩城の大きな写真（絵？）が飾ってある。朝食を摂りながら眺めると、凸凹した赤い大地に白っぽいピークが多数あるような面白い地形でスケール感はよく分からないがなるほどという感じのところ。ネットで見るとかなり風で浸食されたような迫力のある風景でスケールも大きいように見える。観光地だからどうでもよいと思ったが、行ってみてもよいと思い直した。しかし、結論から言うと五彩城へは行けなかった。理由は不明だが入り口まで行ったが入れなかった。

朝食が終わるととりあえず五彩城を目指し車で出発した。この辺りは火力発電所が多い。地図を見ると油田も多い。しばらく北に進んだ後左折してやや狭い道を西へ進むと土が道路に高く盛られていて車が通れないようになっていた。仕方がないのでこの辺りから一人で適当に歩き12時頃までに戻ってくることにした。

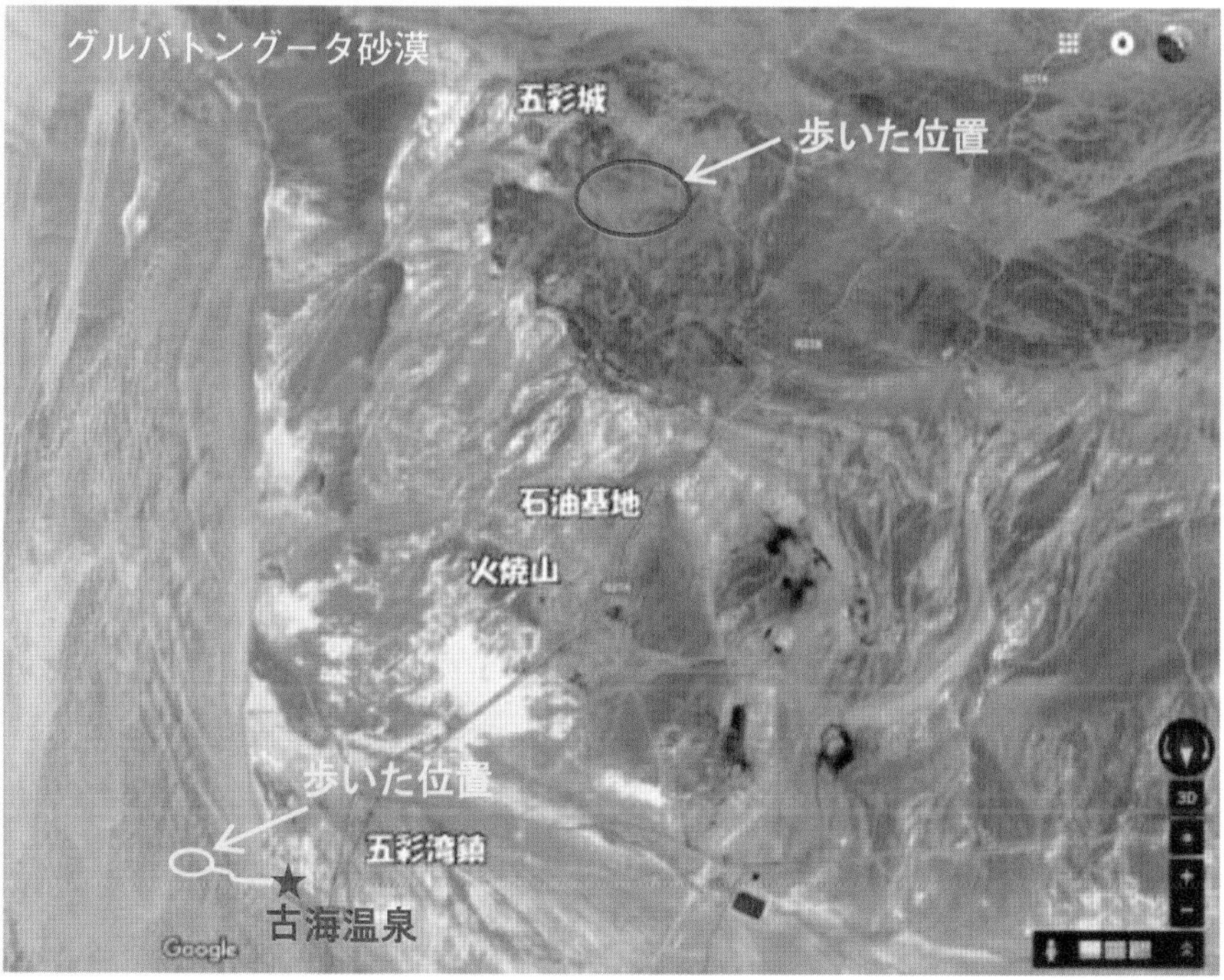

▼グルバトングータ砂漠を一人で歩く

五彩城方面

上：ケルンらしきものが見えた

上：なぜかケルンがあった
下：五彩城入口まで行ったが入れなかった

この辺りは固定砂丘というのか細かい砂ではなく砂利が広がる地域。植物の写真を撮りながら適当に歩く。GPSを持っているので心強い。道路へ近づくとどうやって車止めを抜けたのか五彩城方面に行く車が見えた。もしかしたら行けるのかもしれないと思ったが、そんな甘いはずはないとすぐに思い直した。少し先のピークにケルンのようなものが見えたので行ってみると確かに立派なケルンが建っていた。広大な風景が見えるがこの辺りは固定砂丘というのか火星のような感じで細かい砂はない。ケルンの上に私も小石を一つ置いた。五彩城の方向に向けて。

1時間半ほど歩き車に戻ると、賀さんが車が通れるルートがありそうなので行ってみようという。その言葉に従い行ってみることにした。車は車止めの手前を砂漠の中に一時入り車が通った跡を忠実に進むと確かに車道に出られた。車道を一気に突き進むと五彩城入り口の大きな建物の前に出た。通常ここで入場券を買って入るらしいが、賀さんが係員らしき人に聞くと

火焼山

入場できないとのことだった。賀さんは理由を聞いたのかもしれないが私には聞き取れなかった。どうしても行きたいところでもなかったので理由は確かめなかった。

帰りに火焼山という赤い石で覆われた山に寄った。賀さんが「登ってくるか?」と聞くので「登ってくる」と言って一人で登ってみた。とても長く連なる山なので最高点らしきピーク2つに登ってみた。とても景色がよく大きなグルバトングータ砂漠が広がっていたが、火力発電所等の人工物もよく見えた。この砂漠は大きいことは大きいが別段それほど面白いところでもない。「まあこんなものだろう」というのは想定内だった。

私のこの思いを賀さんは察したのか、ホテルに戻り昼食を済ますと、ホテルから西へ向かって歩こうと言う。勿論望むところなので行ってみると気が付かなかったがホテルの西には立ち枯れの木が多数あり数千年前のものは化石になっているという。確かに横たわっている木は完全に石になっていた。レストランの入り口付近で売っていた木の化石はこれだった。木が立ち枯れている理由は、湿地のようになっていることから温泉が噴出して北海道のトドワラ（海水が浸入）のようになったようにも思われるが、よく分からない。

立ち枯れ地帯を過ぎると賀さんが遠くを指差した。細かい砂の砂丘らしきものが見える。移動式の半固定砂丘

化石になっている

立ち枯れの木

移動式砂丘

移動式砂丘を目指す

フンコロガシ

と呼ばれる地帯だと思うがそこまで歩くという。賀さんは体形を見てもあまり歩くのは好きではないであろうと思われたが一緒に歩いてくれた。1時間かかって砂丘に着いた。砂の斜面を登って一息つくと「大谷はこういう砂漠が好きなんだろう」と言うので、「最高に嬉しい」と答え感謝の意を伝えた。賀さんは「しばらく一人で歩いてこい」というので一人で足を先に延ばした。かなり植物が多く特に綺麗なところは無かったが、フンコロガシを見つけた。今回フンコロガシを見たのは初めてだった。グルバトングータ砂漠でもこのようなところが見られ本当によかったと思った。今回の砂漠の旅はこれが最後だった。

ホテルに戻ると温泉に入った。温泉施設の前でこちらを見てニヤニヤしている女性がいたがよく見ると昨日ホテルのフロントにいた女性だった。地元の人だと思われるが彼女は日本人をどの様に見ているのであろうか？　珍しいことは確かであろう。２０１５年のタクラマカン砂漠のときは砂漠に入る前の町で床屋の女性に話しかけられ「あなたとは友達だ」等と言われたが、コミュニケーションを取ってみると面白いのかもしれない。

夕食後、賀さんが気を使ってくれたため再度温泉に入る羽目になってしまったが、これも砂漠の温泉の入り納めかと思い砂漠最後の夜を楽しんだ。明日は新疆ウイグル自治区を去る。

5・4（木）　晴れ

＊古海温泉ホテル（6：20）―ウルムチ空港（9：00／11：50）―上海虹橋空港（16：15）―青浦（18：00）

天山山脈

ウルムチまで200㎞弱の距離があるので早く出発しなければならないとは思っていたが、賀さんは朝6時半に出ると言ったので従うが空港に9時に着いてしまった。まあ遅れるよりは良い。時間があるのでビールが飲めるところを探すが見つからない。空港のセキュリティーは厳しく靴も脱がされ足の裏までチェックされた。新疆ウイグル自治区の旅は大変だ。

上海では駐在員時代に住んでいたホテル（東原大厦）に宿泊。日本料理屋で中村さんという昔から東原大厦に住んで仕事をしている人と知り合う。自分が駐在員時代からいる人だがその頃は日本人も多かったためかお互い知らなかった。青浦のマンションも1億円になったという。青浦という上海の田舎までそんなことになっているとは信じられない。中国のマンションのバブルはいつ崩壊するかと昔から言われていたが国が崩壊させないらしい。

（5）おわりに

今回も新疆ウイグル自治区を思い知る旅となった。やはり中国の中でもここは違う。今回も想定内とはいえ色々なことが起きた。新疆ウイグル自治区は3回目だが色々なことを新たに発見できたと思う。

また規制の厳しい中、なぜかクムタグ砂漠では10km程度とはいえ初めて一人で砂漠を歩くことができ、グルバトングータ砂漠でも適当に歩くことができた。今まで色々な砂漠の歩き方を体験したが、今回は一人で歩け、それはそれで意義のあるものだったと思われる。

行ってみなければ分からない、何が起きるか分からないという旅の醍醐味は、中国の旅では多分に体験できる。新疆ウイグル自治区という特に難しい地域では思うようにいかないことは多いが、それも楽しいと思える余裕があればそれなりの旅ができることを確信している。

一人で歩いたクムタグ砂漠

Ⅱ．中国・内モンゴル自治区の砂漠

どうやら私は内モンゴル自治区の砂漠が気に入ったらしい。３６０度砂丘が広がり綺麗な湖が見られる世界である。バダインジャラン砂漠には3回も行った。ここでは行った順序通りではないが、トングリ砂漠の記録から紹介したい。

1．トングリ砂漠（２０１６年４月29日～５月７日）
―中国人達と歩いた60㎞（３日間）―

（1）はじめに

２０１４年5月にバダインジャラン砂漠、２０１５年5月にタクラマカン砂漠探検を敢行した。バダインジャラン砂漠では、砂まみれになり砂漠を歩き、美しい湖を眺め、標高差２５０ｍ程度の砂山を登るのも大変で大汗をかいて登る等の体験ができた。タクラマカン砂漠では、新疆ウイグル自治区での行動の不自由さはあったが、ケリヤ人の郷を訪問することができた。

今回は、政情が不安定な新疆ウイグル自治区は避け、バダインジャラン砂漠近くの内モンゴル自治区のトングリ砂漠へ行くことにしたが、今回はいつも私の勝手な旅を手配してくれている旅情中国の鄒さんに中国人のツアーに入ることを勧められ、中国人のツアーに入ることにした。上海駐在員時代に中国の会社の社内旅行で団体で中国人と旅をしたことを思い出し一抹の不安を覚えたが、たまにはこういうのも面白いだろうと開き直り出かけることにした。中国で４番目に大きいトングリ砂漠を中国人達と歩いてみるという旅に出た。

（2）トングリ砂漠ツアーの構成メンバー（大谷以外は全て中国人の総勢78人のグループ）

・主催している会社：呼和浩特市龙騰户外运动策划有限公司（简称：龙騰户外）
・スタッフ：3名（リーダー：温永勝：漢民族で内モンゴル自治区の人）
・準スタッフらしき人：2名
・ドクター：1名（英語話せる）
・カメラマン：2名（馬国強という回族の人が少しの日本語、英語が話せる）
・コック：2名
・トラック：1台（キャンピング道具、食糧、参加者の荷物の運搬）
・4WD車：3台（ドクター、カメラマン、救護）
・グループA（約40名）：中国のある会社がチャレンジ研修として参加した怪しげなグループ
・グループB（約30名）：大谷が参加した一般公募グループ

（3）行程

	行程	宿泊
4/29（金）	東京（9：45）―上海浦東（12：00/15：50）―銀川（19：10）	ホテル
30（土）	銀川滞在	ホテル
5/1（日）	銀川↓天鵞接待中心（天鵞湖接待センターから砂漠に入る）↓天鵞湖ベース 徒歩16km（約5時間）	テント

2（月）	天鵞湖↓蘇海図湖↓太陽湖ベース 徒歩約34㎞、蘇海図湖、烏蘭湖、太陽湖を経由	テント
3（火）	太陽湖↓月亮湖↓銀川 徒歩約10㎞、その後車で銀川へ	ホテル
4（水）	銀川↓上海	ホテル
5（木）	上海・青浦滞在	ホテル
6（金）	上海・青浦滞在	ホテル
7（土）	上海浦東（14：05）↓東京（18：05）	帰宅

〈トングリ砂漠とは〉

トングリ砂漠（騰格里砂漠）は、中華人民共和国内モンゴル自治区アルシャー盟から甘粛省中部にかけて広がる砂漠。面積は約3万7千平方キロメートルで、中国で4番目に広い砂漠である。トンゴリ砂漠、テンゲル砂漠などとも言う。

東は賀蘭山、西は雅布頼山、南の一部は万里の長城と接する。砂漠の平均標高は１２００ｍと高い。「トングリ」はモンゴル語で果てしなく大きな空を意味する。

砂漠の約7割は砂丘が占め、砂丘の中に湖を有した窪地、山地、平地などが点在している。砂丘の多くは三日月形に湾曲した形状で、固定・半固定の砂丘は少なく、風向きの影響で南東方向に移動することが多い。砂丘の高さは10～30ｍのものが多いが、１００ｍに達するものもある。

また、砂漠の南西部は植物の生育が見られ、マオウやヨモギが点々と生えている。砂漠の中にある湖の数は４００以上に上るが、大きさは大小さまざまである。淡水湖が多く、湖の周りはヨモギが生育しており、家畜の餌になるので遊牧の拠点となっている。

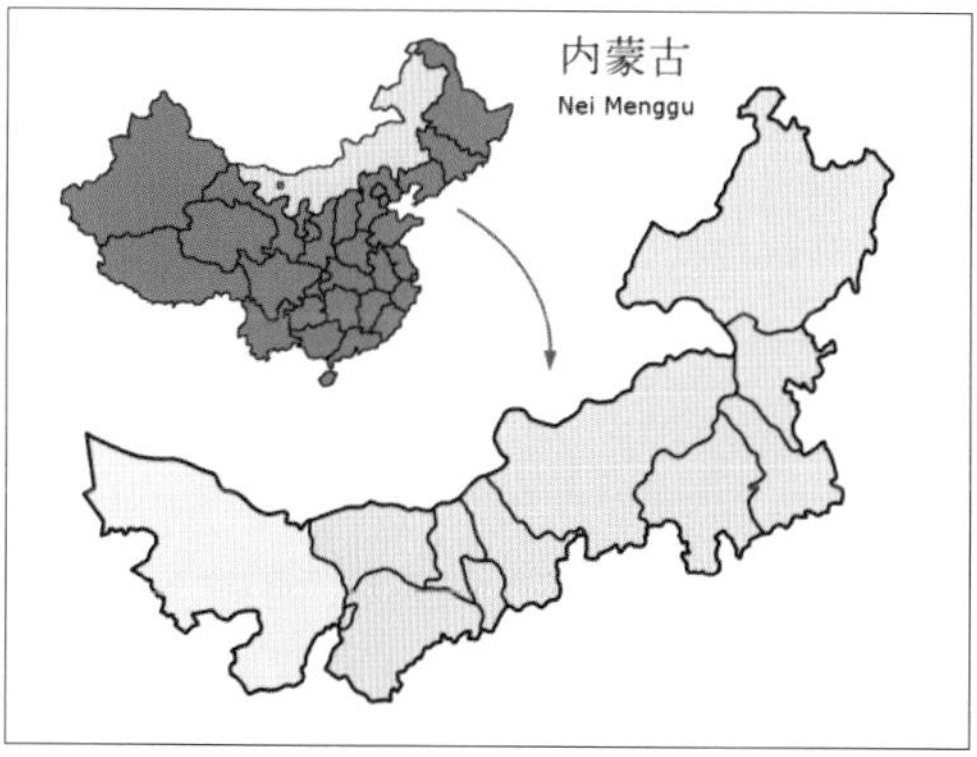

トングリ砂漠（内モンゴル自治区）

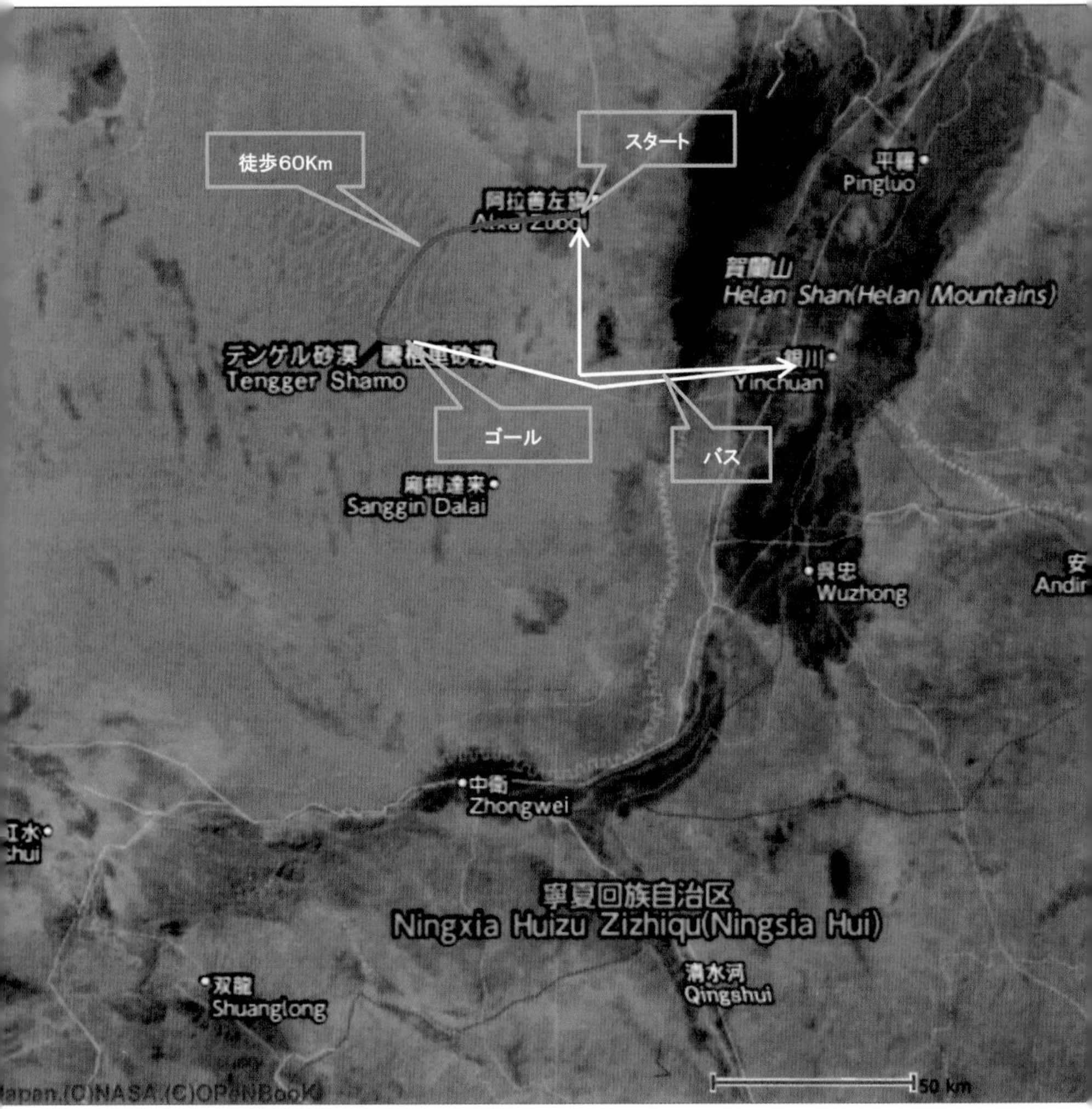
徒歩60Km
スタート
阿拉善左旗
平羅
Pingluo
賀蘭山
Helan Shan(Helan Mountains)
テンゲル砂漠
Tengger Shamo
銀川
Yinchuan
ゴール
バス
Sanggin Dalai
呉忠
Wuzhong
中衛
Zhongwei
寧夏回族自治区
Ningxia Huizu Zizhiqu(Ningsia Hui)
清水河
Qingshui
双龍
Shuanglong
50 km

（4）行動の記録

2016・4・29（金）上海：晴れ

＊成田（9：45）―上海浦東（12：00／15：50）―銀川（19：10／19：30）―ホテル（20：10）

今回は一人旅だが、砂漠では中国人の集団に入ることになる。また、後半は上海駐在員時代に住んでいた上海・青浦区のホテルでゆっくり過ごすことにしている。思えば中国勤務から帰任して8年の歳月が経っている。もし今年3月に会社を辞めていたらこのGWに中国へ行くことはなかったであろうと思うと、これが中国へ行くのも最後かもしれないと思ったりもした。しかし人生いつどうなるか分からない。今回の旅もそうだが、「なるようになるさ」で行くしかない。やりたいことは、何事も後回しせずに、できるチャンスがあるときに実行しておかないと後悔することになると思いながら日本を出発した。

飛行機内の雑誌

浦東空港ではまず両替。1元＝17・94円（手数料込み）で元を手に入れる。予想通りの悪いレート。上海駐在員時代は1元＝13～14円だったが、今のこのレートは仕方がない。第2ターミノルに移動し、銀川行きの便に乗る。吉祥航空という初めての航空会社だが食事の量が多かった。座席のシートにあった雑誌には何と日本特集があり、京都や大阪が特集されていて若い女性が綺麗な着物を着ている姿やレストランや薬等の日本の人気商品が写真入りで紹介されていた。日本に爆買いに来る人必見といった感じの内容だったのでつい写真を撮ってしまった。

銀川空港からホテルまではタクシーで行く。タクシーの運転手にどこから来たのかと聞かれたので、日本人だと答えるとやや驚いたようだった。空港は黄河の東側にあり、黄河を渡るときタクシーの運転手はこれが黄河だと説明してくれた。タクシーに乗ったのは夜の7時半だったがまだ明るかった。この辺りは夜8時頃までは明るいらしい。

ホテルにチェックインするとフロントに今回の砂漠ツアー会社の人達がいた。そこで今回のリーダーの温永勝さんに初めて会った。温さんはいつもニコニコしている人で、その後も親切にしてくれたとても気持ちの良い人だった。温さんは日本語が話せる友達がいるらしく、その人にすぐに電話をして私に必要事項を伝えようとしてくれた。鄒さんから頼まれた荷物の受け渡しや鄒さんへの支払いは明日10時ということを確認し、温さんと別れた。ホテルは格林豪泰銀川北京路快捷酒店という名前で、お湯も出るし比較的整っているホテルだった。ホテルのすぐ近くにはスーパーがあり、冷えたビールが売っていたので買ってきて部屋で飲んだ。西夏ビールという地ビールで、冷えていたので美味しく感じた。銀川は思ったより都会のようだ。

4・30（土）　銀川：曇り

＊銀川滞在

トングリ砂漠は内モンゴル自治区だが、銀川は寧夏回族自治区になる。地図を見ると南北に長い形で、北部は内モンゴル自治区に突き刺さるような形になっている。銀川市は寧夏回族自治区の北部に位置し、トングリ砂漠は銀川市の西部になる。今日はトングリ砂漠に入る前に、寧夏回族自治区の勉強をする日となる。

ホテルではゆっくり眠れそうな気がしたが、外が意外に煩く夜中によく起こされた。しかし、よく考えてみれば、これは中国ではよくあることである。全く日本は静かだと思う。

朝7時過ぎに食堂に行くと混雑している。よく見ると、これから砂漠に行く様な格好をしている人ばかりだ。若い人が多いし女性も多い。トングリ砂漠は人気で砂漠ツアーは流行っているのかもしれないと思った。中国人は自然よりも人工物が好きだと思っていたが、最近変わってきたのであろうか。

宿泊したホテル

10時にこのホテルのチェックアウトを済ますと、温さんが隣のホテルから迎えに来てくれた。隣のホテルへ移動すべく温さんと隣のホテルへ行ってみるが、何と隣のホテルでは日本人を泊められないらしい。日本人だけが泊められないのか外国人全てなのかよく分からないが、これもよくあることである。結局、元のホテルに戻った。

新しい部屋に荷物を置き、温さんから「夜7時半から参加メンバー皆でこのホテルの2Fの食堂で夕食会がある」という連絡事項を聞き、鄒さんに頼まれた荷物（日本製化粧品）と鄒さんへの支払

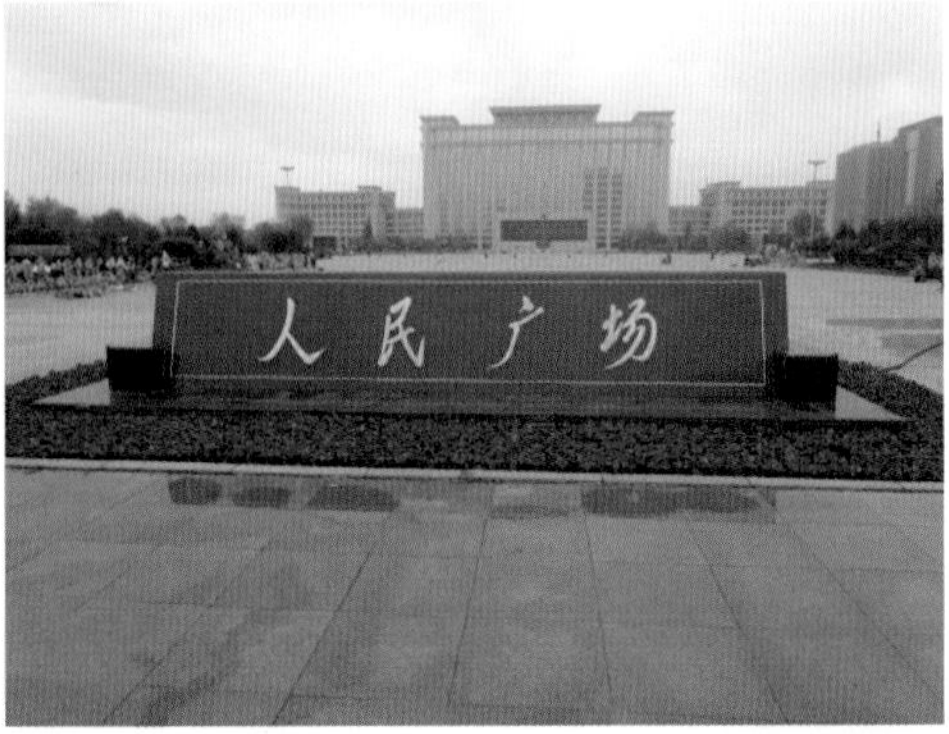

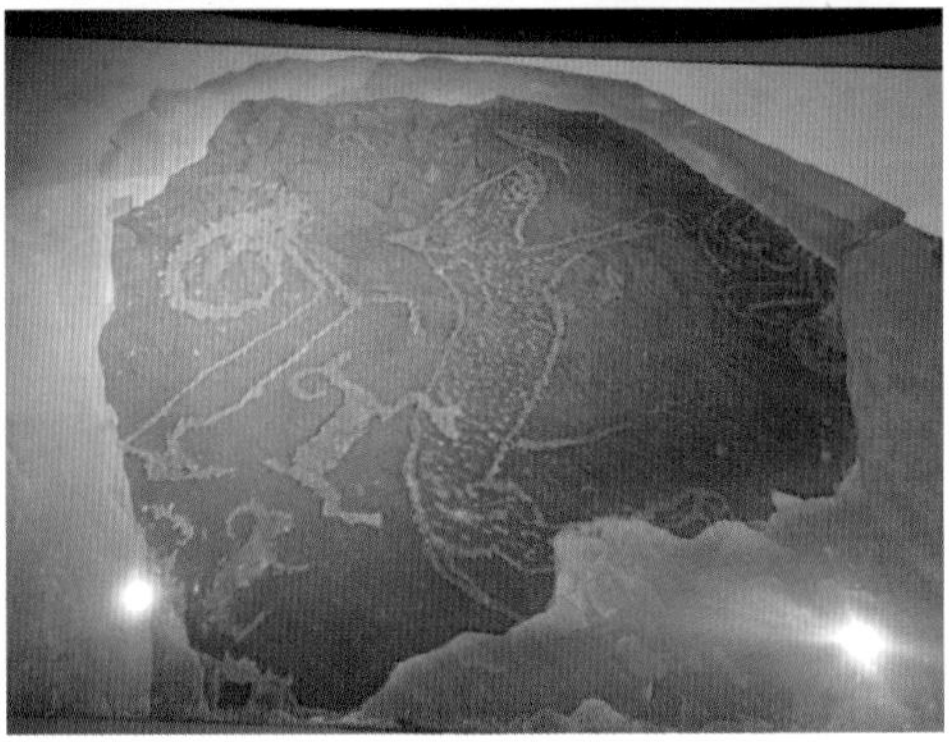

金額を温さんに渡した。これで今日は夜7時半まで自由になる。

地図を見るとホテルのある北京東路を中央に向かっていくと人民広場に出るはずなので、まず人民広場を目指して歩く。歩行者用の信号が変わるのが早すぎるので、道路の横断は素早く歩かなければならない。中国は確かにこの傾向はあるが、これだけ歩行者用信号の青の時間が短いとお年寄りや体の不自由な人はとてもきついだろう。ツアーが終わった後、食事に行くのに一緒に歩いた上海から来た人も驚いていた。同じ中国とはいってもここは少数民族の自治区だからか随分違う気がする。

人民広場は地図を見て予想したより遠かった。やっと人民広場に着くと、人民広場の広さをまず感じたが驚くべきことに毛沢東の像が立ってない。寧夏回族自治区の回族のリーダーと毛沢東が握手する像が立っているのではないかと予想していたが、ただ広い広場では凧揚げをしている人がいるだけだった。この日はやや風が強く黄砂も少し舞っているようで道路では水が撒かれたりしていたが、凧揚げには絶好の日のようだった。日曜日で土産物屋も出ていたが人は少なく閑散としていた。

人民広場は面白くなかったが、近くに博物館を発見。博物館で勉強することにした。入場は無料で、区の中心に位置する大きな規模の博物館では無料というのも珍しい気がした。歴史に関する部分を中心に見学。やはり黄河流域のこの辺りの歴史は古く、動物等の絵が刻まれた岩や石等の展示、土偶のような写真の展示が印象的だった。漢の時代のものも目立ったが、項羽と劉邦の時代は新しいと言わざるを得ない。

歴史（Weblio辞書「寧夏回族自治区」より）

旧石器時代の遺跡・洞溝遺跡が霊武で発見されている。又、省南部では4000~5000年前の新石器時代の農耕遺跡が発見されている。

春秋戦国時代は羌戎、匈奴が分散して居住していた。

秦代に始皇帝の将軍・蒙恬がオルドス地方から匈奴を追い払い、当時「北地郡」と呼ばれていた寧夏で長城を築いた。この頃、黄河流域で灌漑工事が行われている。

宋代にはタングート族の王である李元昊が西夏王国を築き、この隆盛は200年間続き、最大版図は敦煌に及んだ。

1227年、西夏王国はチンギス・ハンによって滅ぼされ、元王朝が寧夏行省を設置、『寧夏』という名称が登場した。寧夏とは、『西夏平定、永遠の安寧』という意味。
明代には寧夏衛が設置され、清代には甘粛省に属し、1929年、再び寧夏省が設置された。共和国建国後は甘粛省に属していたが、1958年に分離した。

すっかり昼食の時間を逃してしまった。人民広場周辺は食事ができる店がない。仕方ないので歩きながら屋台で買った寧夏餅とかいうものを食べたが、甘くてあまり美味しくなかった。ビールが飲みたくなったのでホテルに戻ることにした。バスに乗りホテルの近くで下車し、冷えた缶ビールを売っている店を探すとすぐに見つかった。結局、ホテルの近くの方がスーパーなどもあり便利だった。

夜7時半の食事の時間になりホテルの食堂に行く。鄒さんから聞いていた日本語が話せるツアーの参加者の唐史雯（Tang Shi wen）さんに会った。女性二人でこのツアーに参加したとのこと。協和発酵麒麟（中国）製薬有限公司に努める30歳の上海出身の独身女性だった。それほど自由に日本語が話せるわけではないが心強い限りである。日本から持ってきた私が書いた2冊の本（『上海駐在員が歩いた中国』、『続・上海駐在員が歩いた中国』）をプレゼントした。彼女は会社の研修や旅行で、日本の三島や九州、京都、大阪などに行ったことがあるという。京都が好きらしい。

ここに集まった人は約40人。明日他から来た人が合流して78人になるという。砂漠を歩きたいという中国人がこんなにいるとは不思議な感じがするが、今までアウトドア派の中国人に巡り合うことがあまりなかったせいかもしれない。ここに集まっている中国人達は皆歩くことが好きな人らしい。それにし

シンボルマーク

食事会、左：唐さん

ても若い人が多いし女性も多い。

英語で話しかけてきた人がいた。同行するドクターだった。この人は日本へは行ったことはないが、この人の師が日本に6年間いてドクターを取ったと言っていた。

主催者の冒頭の挨拶で「今回は日本人も迎え…」と言っているのが分かった。食事にはビール、白酒が出た。唐さんや近くの人と話をしながら白酒を飲んだ。適当に飲んで食べているとだんだん人が減り、最後15人位になった。唐さんも部屋に戻った。誰かが年齢を聞いてきたので56歳と答えると、私よりも歳が上かと思われた2人は共に1歳下で、私が今回のグループの中で最も年上ということが判明した。少しがっかり。

部屋に戻ると温さんがストック、スパッツ、人形（この会社のシンボルマークらしい）を届けに来てくれた。全く至れり尽くせりのツアーだ。上海駐在員時代、よく中国人も日本人もないと言って仕事をしたことを思い出した。これから言葉は十分に通じなくても人間対人間で接することが重要だ。

5・1（日）曇り（風やや強し）

＊ホテル（8：00）―天鷲湖接待センター（10：45／11：30）―1355m前後を進む―C1・1390m（16：40）

慌ただしく朝食を摂り荷物をまとめて外へ出るとバスが2台来ていた。大きい方のバスには既に人が乗っていた。後で知ったのだが、チャレンジ研修として参加していた中国の会社の人達だった。砂漠を歩きたくて来た人達ではなく、無理やり連れてこられたのかもしれない。砂漠では整列して点呼するなど軍隊のような行動をしていた。

我々はやや小さい方のバスに乗る。水（ペットボトル）を4本もらいバスに乗ると、既にかなり席は埋まっていて、空いていた最後尾の窓際に陣取る。後から来た唐さん達も最後尾で隣に座ってくれた。外を見ていると、今日は曇りで日差しはないが風がやや強く細かい砂が舞っている感じだった。砂漠で風が強いとすぐに砂まみれになってしまうので、風が強くならないことを祈る。

出発してしばらくすると温さんがマイクを持って挨拶、注意事項の説明のようなものを始め、それが終わると一人一人の自己紹介が始まった。順番に前に出てマイクを持って自己紹介をやる。中国人は人前で話すことが好きらしく皆雄弁に見える。私は中国語を随分忘れてしまったが、今覚えている中国語を総動員して話す内容を考えた。そして唐さんの後自分の番になった。唐さんが通訳ということで隣に立ってくれたが、私は中国語で自己紹介をやった。まず「ダージャーハオ」というとそれだけで歓声が起きた。まず日本人であること、趣味は登山、トレッキング、一人旅であること、年齢、仕事の内容

◀出発地点：天鷲湖接待センター

（ここで少し英語を交えたが日本語は一切使わなかった）を話し、最後によろしくお願いしますとして終えた。最後に唐さんが「彼は四姑娘山にも登った強い人」だと付け加えてくれた。皆の反応は良かった。途中で「中国は好きか?」と聞かれたので「好きだ」と答えた。やはり中国語でやってよかったと思う。実際砂漠の中でもよく話しかけられたし、何人かの人は自分に興味を持ってくれた様子だった。

天鷲湖接待センターという砂漠ツアーの出発地点に着くと、昨日もらったスパッツを着け、またストックも持って出発。ストックは良い感じだがスパッツは装着し難さを感じた。やはりというかスパッツは一日でファスナーが壊れたため翌日からは日本から持参したスパッツが活躍した。

この日は太陽の日差しはなく曇り。風が強かったので皆それぞれの手段の砂除けで顔を隠しているので誰が誰だかさっぱり分からない。私は野球帽の上にカッパのフードをかぶり、バンダナを首に巻き風が強いときは鼻と口を覆えるようにして歩いた。暑がりの私は他の人よりも軽装備のためか砂がよ

天鵞湖

く入ってきたが、過去に二度行った砂漠でもそうだったし、これは仕方がないことと思い諦めた。時々標高を確認したが、大体1350m付近を進んでいる。フカフカの砂の上のアップダウンを進む。消耗しないようにできるだけ一定のペースで進むことを心掛けたが、中国人達は顔を隠していてもお互いの写真を撮り合うことに熱心で、はしゃぎまくっている。このような光景は驚くべきことではないが、やはり中国人らしい光景だなと思ってしまう。

天鵞湖と思われる場所に出た。不思議な形の木もあり綺麗なところだが人が多い。トングリ砂漠のこの辺りは観光地になりつつあるように見える。ここで隊列も止まっていたので当然ここで宿泊するものと思ったが、実はもう少し進んだ場所がC1だった。湖から離れた砂漠

◀ C1

の中だったが、トラックが先着していて既に食事の準備をしているようだった。よく見ると井戸が設置されており料理には井戸で汲み上げた水を使っている様子。ここに水源があることが分かっていてC1をここに設置したということだ。

トングリ砂漠をネットで検索すると地下水汚染の記事ばかり出ていたので多少不安だったが、ここまで来てそんなことを考えても仕方がないと思いながら一人用の日本から持参したテントを張った。すぐに張り終えてブラブラしているとカメラマンに突然日本語で話しかけられ驚いた。中国人達はテント設営に時間がかかっている。

カメラマンは馬国強という名で回族の25歳。ムスリムなので豚肉は食べないが酒は飲むという。唐さんよりも日本語はうまいし英語も話せるのでコミュニケーションが取りやすい。日本のアニメが大好きでアニメから日本語を勉強しているらしい。今回はツアー参加者達の写真を撮る仕事をしているが、ドローンを飛ばしての撮影技術に長けている。

C1がこの場所になったのは、良い水があることを知っていたためであろう。食事は大鍋で作った肉ジャガのようなものと白米。馬さんは「私はこんなものは食べない」と言って丘の上に行ってしまった。豚肉を食べないことを実践している。

皆、砂漠の上で立ったまま食事をしたが、昨夜も一緒だった人に「大谷、マオタイ酒を飲め」とマオタイ酒を勧められたのでありがたく飲んだ。昨夜白酒を飲んだので、それで勧められたのだと思うがありがたいことだ。

C1について分かったが四駆が3台にトラックが1台の構成で、トラックにはテントや我々の荷物が積まれ四駆には医者とカメラマンが乗る。歩けなくなった人を乗せるのにも使うはずだが、時々乗る人はいても最後まで乗り続ける人はいないようだった。参加者は皆歩くことには自信のある人ばかりらしい。

夜8時にテントに入ると雨になった。雨は珍しいのではないかと思うが、これは天気が変わることを意味しているものと思われる。天鵞湖からは音楽が聞こえてくる。キャンプをしている人達が騒いでいるのであろう。明日好天になることを祈り、日本から持ち込んだ CHIVAS REGAL を飲んで寝た。

5・2（月） 晴れ（風弱く絶好の天気）

＊C1・1390m（8：05）―蘇海図湖―烏蘭湖（12：30／13：15）―農家―C2：太陽湖（16：40）

5時40分起床。テントの外へ出ると月が出ていた。昨日とは異なり風もなく、今日は天気が良いらしい。しかも昨夜の雨のおかげで空気の透明度もよいし、地面の砂も締まっている感じ。

7時に朝食で7時半に出発と言われるが到底無理。皆テントをたたむのに時間がかかっている。隣の親子（母と13歳の息子）も手間取っていたのでテントをたたむのを手伝ってあげた。息子を鍛えるために参加したのか知らないが、こんな親子もいるのかと思った。色々な人が参加している。

朝食はパンのようなものとスープ。パンのようなものをかじりながら出発を待つ。出発前に、「中国徒歩」と書かれた旗を持ったグループの人に話しかけられ、改めて自己紹介をした。出発はやはり予想通りの30分遅れとなった。まず、軍隊のような会社の研修の人達が整列して点呼した後歩き出す。我々はその後を適当に歩いていく。雨降って地固まり風もなく澄んだ空気の中を気持ちよく出発した。とても歩きやすい。

今日もイーブンペースを守りながら歩くが、陽が低い時間帯はシャッターチャンス。つい写真ばかり撮ってしまう。中国人達もよく写真を撮るが、景色を撮るというよりも奇声をあげながらポーズをとってお互いに写真を撮り合っている。それも何度も何度も。風景写真を真剣に撮っている人は少数派に見える。中には風景写真を三脚を使って撮っている人もいるが、圧倒的に賑やかな人達が多い。また黙々と歩いてはいるが、歌謡曲のような音楽を鳴らしながら歩いている人もいる。そのような人達から少し距離を置いて歩くと、静かで綺麗な景色の中を一人で行っている感じがして、とても

よい気分になる。少し離れすぎてルートを間違えそうになったこともあったが、誰かが大声で導いてくれた。

前半は気分よく歩き烏蘭湖に出たところで大休止。朝テントをたたむのを手伝ってあげた親子のお母さんが気を使ってかお菓子を食べないかと言ってきた。この感覚は日本と同じで感謝した。やはり何人とかは関係なく人間対人間の関係の重要性を感じた。我々がもらっている行動食は甘いお菓子のようなものが多い。それ以外はミニトマト、胡瓜、りんご、飲むヨーグルト等。日本からはカロリーメイト、飴等の行動食を持ってきていたが、食べやすいものか

烏蘭湖

ら食べた。今日の予定は30km以上歩く予定になっているので、水とこれらの行動食を摂り後半戦に備えた。

烏蘭湖からはしばらく歩きやすい平坦な硬い面となった。皆ペースを上げて歩くことができ、ここで距離を稼いだような気がした。距離を稼いだなと感じた頃農家に出た。そこではバダインジャラン砂漠でも見た薬になるという土中から顔を出している植物（鎖陽）があり、それを買っている人がいた。

今回、日本を出発する前に『内モンゴル民話集』という本を読んだ。民話というのはどこでも似たような話が多いらしく、日本でい

農家

Ｃ２：太陽湖

えば鼠小僧のような話やどこかで聞いたような話が満載だった。異なる点があるとすれば、草原や砂漠や羊の放牧の情景が出てくることだろうと思ったが、烏蘭湖周辺では羊が放牧されており、ぽつんとある農家を見ているとそれを思い出した。

農家を出てもしばらくは平坦なルートが続いたが、間もなくまた砂漠のアップダウンが続くコースに戻り、そこを我慢して歩くと太陽湖と思われる湖が見えてきた。その瞬間、我々のグループの先頭を歩いていた人が大声を出したのでC2の太陽湖がすぐであることを確信した。思ったよりも早く着いた。天候や下が硬かったなど、コンディションがよかったということだと思うが、実際は30㎞もないのではという気がした。後で述べるが、明日の3日目が実際の予定より長く思われ、3日で60㎞は正しいのであろうが、2日目と3日目の配分がやや違っているように思われた。

C2ではまたすぐにテントを張りブラブラしているとカメラマンの馬さんと話す時間になった。改めて色々話を聞いた。彼は寧夏の人で地元の大学を出ている。文系だが写

カメラマンの馬さん

真に興味がありカメラマンになったという。ドローンの操作は上手だ。髭をはやしているのは「若く見られると仕事が入らないので」と話していた。確かに25歳には見えず30歳代に見えた。日本のアニメでは「宇宙戦艦ヤマト」が好きだと言っていた。またアニメではないがウルトラマンシリーズも好きだと言っていた。

　夕食は白米に羊肉スープをかけたもの。羊肉なのでムスリムの馬さんも食べられる。砂漠に敷いたシートの上に座って食べた。そしてすぐに宴会となった。四川省の人が持ってきた白酒を飲み、それが無くなるとどこからかビールが出てきて飲んだ。一応キャンプファイヤーということで、焚火の周りで人が歌って踊っていたがよく覚えてない。会社の研修で参加していた人達が楽しんでいたらしい。酒を飲めば、訳の分からない演説を始める人はいるし、どこの国でも同じである。
テントに戻るとすぐに寝てしまった。夜中にトイレに起きると星が綺麗だった。しかしよく覚えてない。

5・3（火） 晴れ（風弱い）

＊C2・太陽湖（8：20）—月亮湖手前（9：45／10：30）—月亮湖接待中心（15：00）—ホテル（18：30）

5時40分に起床。日の出を見てテントをたたむ。朝食はうどんですぐ食べられるが、今日も出発に時間がかかる。やっと出発したと思ったら、集合記念撮影が始まりまたそれが時間がかかる。

太陽湖

太陽湖を右手に見ながら歩く。昨日は気付かなかったが、太陽湖はなかなか大きい。傾斜が急な砂山を幾つか登り急な斜面を一気に下るといった感じで進むと月亮湖が間近に見えるところへ出て、そこで大休止。比較的前の方を歩いていたのだが、最後尾がなかなか来ない。疲れている人も多いのだろう。30分以上の差が付いていた。

やっと動き出すと月亮湖には下りずに方向を変えた。月亮湖を右手に見ながら下る感じで進んで行った。ここまで来ればゴールも近いのであろうと思ったが、ここからが長かった。いや長く感じたと言った方がよいのかもしれない。休憩の頻度が増えた（ゴールまで

に計4回）。遅れている人がなかなか来ない。仕方がないので水ばかり飲んだ。大量に汗が出た。高圧鉄塔が見えてその電線の下を歩くようになったが、なかなかゴールが見えなかった。歩くのは午前中のみとみていたが、ゴールに着いたのは何と午後3時。ゴールの月亮湖接待中心に着くと、先に着いていた「徒歩中国」の中国人が来て私を売店に導いてくれた。その人はコーラを飲んでいたが、ビールがあったので私は迷わずビールを買い一気に飲んだ。冷えは不十分だったが旨かった。

帰りのバスではさすがに皆静かだったが、主催者側の温さんから一人ずつ「完歩賞」を手渡す作

終点：月亮湖接待中心

ヨーグルト

業が始まってから一変した。名前を呼ばれバスの中の前方に出て「完歩賞」をもらうと、一人一人マイクを持って挨拶をする。帰りも中国語で挨拶しなければならなくなったので、私は中国語で話す内容をひたすら考えた。そして自分の番が来た。私は、「マオタイや白酒がとても美味しかった。ありがとう。今とても嬉しい。皆さん、本当にありがとう」といって「完歩賞」をもらった。すると「徒歩中国」の人が出てきて、「徒歩中国」の旗を持つように言われ、その旗を持たされて写真を撮られた。撮影が終わるとその旗はプレゼントすると言われたので素直にありがとうと言って受け取った。最後まで良好な関係は保てた。「完歩賞」はよく見ると「3日間で60km完歩達成、今後も激励する」と書かれていた。

　バスはホテルに戻り解散となった。唐さんから皆で食事をする旨を伝えられていたので、集合時間までの間に手早くシャワーを浴びた。なぜか急に下痢になった。途中でもらって食べた胡瓜かトマトが原因かもしれないと思ったがよく分からない。

　お腹の調子が心配だったが、食事の場所で初め

リーダーの温さん

完歩賞

に「この地域で有名なヨーグルト」ということでヨーグルトを食べたのが良かったのか下痢は治まった。確かに出発前に読んだ『内モンゴル民話集』のあとがきにも、「内モンゴル自治区の馬乳酒がカルピスのルーツで、カルピスの創始者が馬乳酒を飲んで崩していた体調が治った」とあったが、ヨーグルトが効いたのかもしれないと思った。

屋外のテーブルでビールを飲みながら羊の肉を食べた。なかなか旨かった。唐さんが食事に参加している人から聞いた話を聞かせてくれた。「大谷は強いが人間もよい、大谷を見て日本人の印象が変わった、日本の京都や東京に桜を見に行ったことがあり日本が好きだ」等であり、私は素直に喜んだ。隣に座っていた温さんからは「大谷が好きだ」と直接言われたので私も「温さんはとてもよい人だ」と返した。本当に温さんは、何も悩みがない人のようにいつもニコニコしていて人が良い。

気が付くと20人位いた人は徐々に減り5人位になっていた。結局、日付が変わる頃ホテルに戻った。通訳をしてくれた唐さんにお礼を言って別れた。唐さんは明日の夕方の便で上海に戻るらしい。私は明日の昼の便で上海へ行く。

5・4（水） 晴れ（上海は暑い）

＊ホテル（9：30）―銀川空港（10：00／12：10）―上海・浦東（16：00）―青浦（18：00）

上海駐在員時代に住んでいた上海市青浦区へ向かう。私はかつて東原大厦という長期滞在できるホテルに住んでいたが、そのホテルに泊まることにしている。上海駐在員を終えて日本に帰任してから8年、このホテルに泊まるのは4年ぶり位かと思う。上海からの地下鉄も延びて、来年には青浦にも駅ができるという。随分変わったと思う。あの頃が益々夢のように思える。

しかし、ホテルに着くと受付の女性は昔からの人で変わってない。お互い懐かしくつい握手してしまう。またガードマンや部屋の掃除のおばさんも昔からの人で、私のことをよく覚えていて、「久しぶりだな、元気か、仕事で来たのか」等と話しかけてくれる。全く嬉しいものである。やはりこのホテルは自分の家のような気がしてしまう。

（5）今回の旅を振り返って

今回訪れたトングリ砂漠自体は、観光客の多いところだった。そういう意味では面白くなかったが、確かに長い距離は歩いた。砂漠は3回目で慣れてきた感じがする。悪くしている膝にも優しいことも確か。景色は初めて行ったバダインジャラン砂漠に近い感じだった。３６０度眺めても砂丘と空しか見えないという景色は日本ではない。風さえ吹かなければ空気は綺麗だし、快適で気分よく歩ける。

そして今回は何と言っても中国人ツアーに参加したということが一番の特筆すべきことである。参加者は中国では少数派の歩くことが趣味の人達なのかもしれないが、皆歩きには自信がある様子だった。私は、この砂漠が多くの人が入る地域のようだし、これだけ多くの人数で入るのでピクニック気分になっていたが、中国人達からは「この日本人は本当に歩けるのか」というように見られたような気もする。砂漠の終盤や終了してから「お前は強いな」と何度も言われた。

この集団で行動している間、私は上海で駐在員として現地法人で仕事をしているときのことを思い出した。自分は日本人の代表で、自分を通して日本人が評価されてしまうということ、仕事では中国人も日本人もなく同じ人間として進めないといけない、といったことである。そのような思いを根底に持って行動したが、中国人達とはとてもよい関係が築けたようだった。

今回も旅を手配してくれた邹さんとは、帰国後に以下のようなメールのやり取りをした。邹さんも喜んでいる様子が分かる。

〈邹さんとのメールのやり取り〉

大谷さん
昨日から本を読み始めました。お書きの本から大谷さんが中国に対しての態度が昔の本より変わってきましたね。少しだけを読みましたので全部読んでからまた本について自分の考え方を言います。
前日の砂漠団体の写真を見て、大谷さんは本当に楽しそうだと思って、それじゃ、これからこんな団体のツアーを探して費用は本当に何倍も節約できるので、以上、よろしくお願いいたします。

ZOU JING

邹さま
今回のツアー内では外国人（日本人）は私一人だったので、上海で仕事をしていた時のように特に中国人とか日本人とかは意識せず人間として接したつもりです。

リーダーの温さんもとても良い人で出発前夜の食事のときには溶け込むことができました。

唐さんにも気を使っていただき助かりました。

バスで砂漠の出発地点に移動中には一人一人マイクを持って自己紹介が始まったのですが、私も何とか中国語で自己紹介をしました。中国語も随分忘れていて自信はなかったのですが、何とかしました。

砂漠ではテントの撤収に慣れてない人を手伝ったり、食事で一緒に白酒を飲んで楽しみました。

また、砂漠ではカメラマンの馬さんが日本語と英語が喋れたので親しくなりました。

私のためにわざわざ編集した動画を送ってもらいました。

砂漠での行動中も何人かの人と親しくなり、帰りのバスの中で一人一人マイクを持っての挨拶では、また何とか中国語でやったのですが、参加者から「徒歩中国」という小さな旗をもらいました。

ツアー終了後の20人程度で行われた食事会にも呼ばれ最後まで楽しい時間を過ごしました。

中国人との団体旅行は、上海で仕事をしていたとき経験していたので予想した通りでしたが、最後に寄った上海・青浦でも昔の自分の部下達と白酒を酌み交わし、また昔よく歩いた地域を歩きとても懐かしくなりました。

ZOU さまのお陰でとても良い旅ができました。

本当にありがとうございました。

大谷

大谷さん

大谷さんのお書きの下記のメールをもう砂漠クラブに送信しました。トングリ砂漠の観光は楽しそうで、中国人の中に溶け込んで本当に嬉しいです。

動画（注）もよく見ました。ところでツアーに使用させていただきたいですが。

トングリ砂漠写真をメールで送信してくださいますようにお願いいたします。

ZOU JING

（注）帰国後カメラマンの馬さんが私のために編集して送ってくれた動画
https://box.yahoo.co.jp/guest/viewer?sid=box-l-ygsomf6nz2wxx5nor4jqryalva-1001&uniqid=63c7254b-0720-4717-8eed-f0f3261d157a&viewtype=detail

私にとって第二の故郷とも言える青浦訪問では、かつて一緒に仕事をした懐かしい人達とも会い、楽しい一時を過ごした。中国人達と行動した砂漠でも上海駐在員時代に考えていたことを思い出して中国人達と接したが、あの頃が完全に蘇った感じがした。自分が中国で肝に銘じてきたことも鮮明に思い出すことができたとてもよい旅だった。

最後に、通訳ということで気を使ってくれた唐さん、私のために動画を送ってくれたカメラマンで回族の馬さん、主催者側の温さん、その他私に気を使って頂いた全ての中国人に感謝したい。

2—1．バダインジャラン砂漠（2014年4月29日～5月5日）—核心部—

初めて砂漠歩きを試みたのがバダインジャラン砂漠で、その初めてのときの記録から紹介したい。砂漠を本格的に歩くのは初めてだったので、がむしゃらに歩いてみたところ膝には優しいということが分かったが、急斜面の登りは蟻地獄のようになり結構大変なことも分かった。

また、こんなに綺麗な風景が中国にあるということを知ったし、風さえ吹かなければ空気は綺麗で快適な世界であるということも知った。しかし風が吹くとテントの中にいても砂まみれとなり大変なこともよく分かった。この最初の体験から、その後別の砂漠を経験したが4年後、5年後にバダインジャラン砂漠に再び戻ってきてしまったという話である。

内モンゴル自治区内の行動したコース
（金昌→巴丹吉林鎮→バダインジャラン砂漠→巴丹吉林鎮→紅墩子大峡谷→金昌）

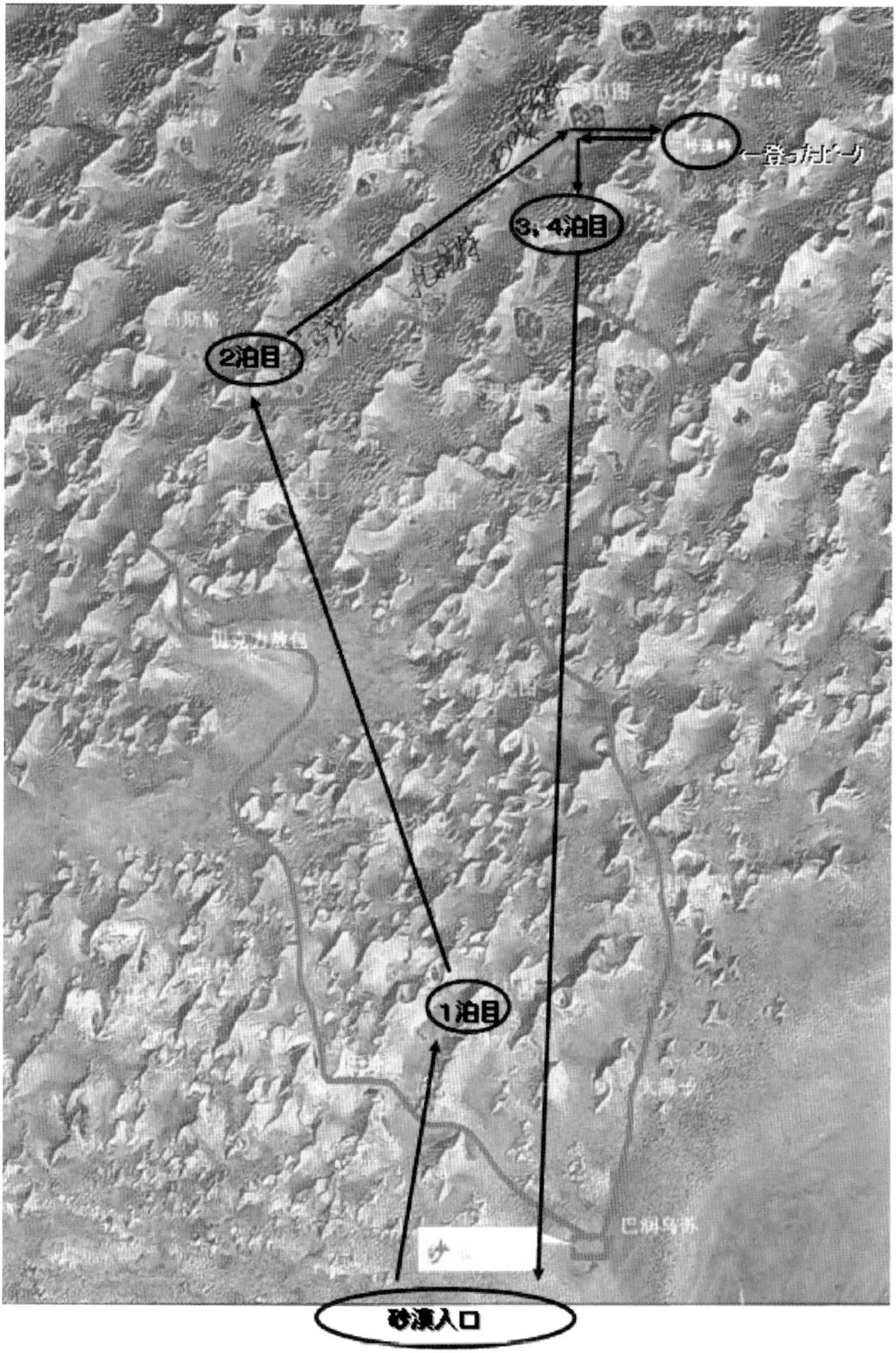

バダインジャラン砂漠の行動した区域

（1）はじめに

膝の悪化に伴い色々なことを考えてきたが今回は「砂漠」を考えてみることにした。砂漠を歩くとはどういうことか？　今回はまずそのイメージを掴むため歩いてみようと思った。狙いは中国ではまだ行ったことのない内モンゴル自治区の砂漠。本来内モンゴル自治区の砂漠の旅の最適時期は7～8月で、4～5月は強風の時期ということだが、砂漠の旅を知るためには却って条件の悪い時期でもよいと開き直り出かけた。「楽しくない旅」、「何でこんな所へ来てしまったのか」と思う旅になることを覚悟して出発した。

砂漠は幾つか候補があったが、砂漠のヒマラヤと形容されていることから巴丹吉林沙漠に興味を持ちこの地に決めた。旅の手配はいつものように中国の旅行会社の鄒さんにお願いした。得意の単独行である。

（2）行程

	行程	行動内容	宿泊場所
2014年 4／29（火）	東京（成田）9：50→上海（浦東）11：55　NH919 海南航空HU7736（浦東T2楼15：30→蘭州中川18：40）	移動	蘭州
30（水）	蘭州→金昌　列車T9205（07：45～11：30） 金昌⇒砂漠入り口―通古図―敦徳吉林　18km	徒歩	砂漠

5/1（木）	敦徳吉林─哈特尓図─希勒克図　18km	徒歩	砂漠
2（金）	希勒克図─毛尓図─巴丹吉林廟　18km	徒歩	砂漠
3（土）	巴丹吉林廟周辺（予備日）	徒歩	砂漠
4（日）	双海子⇓巴丹湖⇓砂漠入り口⇓阿拉善右旗 紅墩子大峡谷半日観光⇓金昌駅 金昌↓蘭州　列車K1352（16：54～21：36）	移動	蘭州
5（月）	東方航空MU2351（蘭州中川07：45↓浦東T1楼10：15） 上海（浦東）17：00↓東京（成田）20：55　NH960	移動	帰宅

⇓：車　─：徒歩

(3) メンバー

大谷和男単独

(4) 装備

GPS、軽登山靴、ショートスパッツ、カッパ上下、手袋、替靴下、ザック、フリース、着替え、テント（借用）、シュラフ、シュラフカバー、マット、ガスコンロ（現地調達）、バーナー、水筒（5ℓ、1・5ℓ）、コッヘル

（5）食料

朝：4食
行動食：5食
夜：4食

（6）参考（ネット情報）

バダインジャラン砂漠（巴丹吉林沙漠）は、中華人民共和国内モンゴル自治区南西部のアラシャン盟にある砂漠。ゴビ砂漠の南方に位置し、面積は4万5千平方キロメートルと中国で3番目に大きい砂漠。バタジリン砂漠、バタンジャリン砂漠などとも言う。砂漠の中には多数の湖があり、その数は100を超える。砂丘の最も高い地点である必魯図沙峰の標高は約1609・6mで、砂峰としては世界で最も高い。高さ500mを超える砂山がそびえることから、砂漠の「チョモランマ」と呼ばれている。北西部の1万平方キロメートルの砂漠には、未だ誰も足を踏み入れたことがない。砂山、鳴き砂、湖は巴丹吉林砂漠の「三絶」と言われ、非常に魅惑的な景観である。

（7）記録

2014年4月29日（火）

＊東京（成田）9：50→上海（浦東）11：55　NH919

海南航空 HU7736（浦東T2楼15：30→蘭州中川18：40）→蘭州駅（列車チケット確保）→敦煌之星快捷酒店（兰州黄河店）（22：00）

今日は移動のみだが、蘭州に着いたら明日と帰りに使用する列車のチケットを入手しなければならないのがポイント。蘭州に来たのは9年ぶり。上海は気温が高かったが蘭州はそうでもない。しかし空気が悪い。空港から列車のチケット交換所までタクシーで向かう途中タクシーの中に居ても喉がいがらっぽい感じ。空港は町の中心から離れているのと渋滞で時間がかかった。

蘭州駅前

邹さんから送られてきたチケット交換用の紙をプリントアウトしたものを持ち、駅近くの交換所に行くと、ここではできないので駅に行けと言われタクシーを拾い直し駅に行く。駅は混雑しており長い列の後ろに並ぶ。列は横入りできないように一人しか並べない幅に柵が付いている。しかし中国人のパワーがすごい。こんな田舎の駅でも人が沢山いるし騒々しい。知っているつもりだったが久しぶりに体験するとやはり中国はすごいと思う。4月の『環境新聞』には、蘭州の水道水から許容量以上のベンゼンが検出されパニックとなりペットボトルの水が高騰したとの記事があったが、今は治まっている様子。

時間はかかったが蘭州駅では無事チケットへの交換ができほっとする。後は泊まるホテルを探すだけだがなかなか見つからない。駅からかなり離れてしまったところで、面倒なのでタクシーに乗ると何と駅のすぐそばでその前を歩いて通り過ぎていたことが分かった。しかしホテルに無事着いたことに安堵した。

蘭州は初めてではない。かつて出張で金昌にある企業を訪問するため蘭州に来たことがある。上海から飛行機で蘭州の空港に着陸しようとしたとき、窓から見えた大地があまりにも赤茶けていた砂漠地帯だったので火星に来てしまったのではないかと思ったほどだった。出張のときは蘭州から車で金昌まで行った。確か5時間くらいかかったと思うが、今回は明日汽車で金昌駅に向かう。

今回は名物の蘭州ラーメンは時間が無く食べなかったが、かつて出張したときには着くとすぐに食べた。ラーメンと言っても実質うどんだが、上海に戻ってからも蘭州ラーメンを掲げる多くの店で5元の蘭州ラーメンを食べ続けた。旨いかどうかはスープの味で決まり店によってもずいぶん違う。

つい色々なことを思い出してしまうが、明日の朝も早いので日本から持ち込んだウイスキーを呷って寝る。長い一日だった。

4月30日（水）晴れ

＊蘭州（7：45）→金昌（11：30）列車T9205
金昌（11：40）―巴丹吉林鎮（14：45）―砂漠入り口（敦徳特斯格延呼都格）―鉠斯格秏高靭―阿這格特斯格図（16：00）―敦徳吉林・1230m地点（18：00）
（＊歩いたコースの途中の地名や宿泊地の情報は持って行ったGPSの記録から記した）

蘭州発7：45の汽車に乗るのに1時間前の6：45に駅に行き待合室に入ると、とにかく人が多く圧倒される。時間に十分余裕があると思っていたが、しばらくすると自分が乗るべき列車の改札が始まった。こんなに多くの人が本当に乗れるのかと思うほどの長蛇の列に並び大群衆と共にホームに向かうが改札を通るときがやはり中国らしく我先にという人ばかりで、改札の通過が大変だった。ここ2年ほど中国に来てなかったので中国人に圧倒されている自分を感じた。しかし列車に乗り込むと一変し、軟座のため乗っている人の質が違うのか静かに過ごせそうだったのでほっとした。座って砂漠に関する文献に目を通していると汽車は静かに発車した。

上：蘭州駅ホーム　下：金昌から巴丹吉林鎮へ

かつて出張で来たときのことやここから近いかつてチャレンジした青海省の山のことを思い出しながら、やはりこの辺りでは日本人に会うことはないなとぼんやり考えていると、突然隣の座席の女性が「日本人ですか？」と日本語で話しかけてきた。これには驚いた。こんなところにも日本語を勉強している人がいるのかと思い話を聞くと、名前は王彩霞といい日本の金沢大学に留学していて教育学部の卒業生ということだった。卒業後出身地の蘭州に戻り大学の事務をしているという。日本語は使ってないので忘れたと言いながら会話には支障なく上手だった。この汽車に乗っている理由は2歳になる子供を金昌に住む両親に預けていて会いに行くところということだった。子供を育てながら生活するというのは大変なのだろうと思いながら、なぜ日本の大学に留学したか聞いてみるとお兄さんが金沢大学の医学部に進学して現在は米国に住んでいるという答えが返ってきた。ということは勿論学力も優秀だが裕福な家庭の人なのかもしれないと思い直しもした。彼女は金昌のご両親と連絡を取っていたが「これから天気が悪くなる。急に風が強くなった」という情報をもらい、いきなり砂漠で強風に遭う予感がしてやや暗い気持ちになった。

彼女に蘭州や金昌について聞いてみるとやはり日系企業は無く日本人は全くいないとのことだった。彼女も日本語を活かせる機会が全くないと言いながら、今日は日本語が使えて面白かったと言っていた。こちらもまさか日本語が使えるとは思わなかったので旅の楽しさを久しぶりに味わった気がした。

汽車からは以前に行った青海省の白い山脈が見えた。今回初めてカメラを出して驚いた。日本でしっかり充電してきたはずだが電池の残量がほとんど無くなっていた。この現象は2012年に青海省の可可西里に行ったときと同じで、そのときもせっかく持って行ったカメラを十分使えずに帰ってきて基板交換を行った。その後万全だと思っていたが何とまた同じ現象。中国に持ってくるとなぜかこのようになってしまう。原因不明。

金昌に着くとかなりの強風でこの先が思いやられた。予定通り迎えは来ていた。タクシーのような車に乗り巴丹吉林鎮に向かいそこで4WDの徐さんとスイッチ。食料、水等の買い物をして出発。これか

上：バダインジャラン砂漠入口
下：テント場付近の不思議な植物：鎖陽

上：4WD も苦戦（徐さん）
下：歩くのが意外に大変

ら砂漠の4泊5日の間、徐さんと2人の旅となる。徐さんは4WDで先を行き大谷が後を一人で歩いていくというスタイル。幹線道路の砂漠入口から砂漠に入ると天気は回復していたが風がやや強い。砂漠に入ってもすぐに歩くことはせずしばらく4WDで進む。私も全て歩きたいなどという拘りはないので徐さんに任せた。砂漠の中に入ると軟らかい砂上へと変わり徐さんはタイヤの空気圧を下げた。

　これが砂漠かと思えるような状況になったところで、徐さんは「歩くか?」と聞いてきた。勿論歩きに来たので私は「歩く」と言って車を降りた。初めて歩く砂漠は、硬くないところが多く足が取られ歩き難いものだと思った。しかも風が吹くと砂まみれになる。覚悟はしていたが体中砂まみれの日々が始まった。初日は16:00から2時間半歩いたが、勿論人に会うこともなく、360度砂漠の丘陵地帯の中を砂まみれになりながら進む旅だった。これは想定内の結果である。

　幕営地は盆地のような地形のところで、赤い不思議な植物（徐さんは薬用とか言っていたような？）が地中から顔を出していた。テントは借り物だが何と布団も付けてくれたので、テントの中で布団で寝た。最低気温は０℃近くと思われるが寒くなかった。食事はインスタント物で準備してもらったガスコンロで調理して食べた。持参したウイスキーを飲むことだけが楽しみとなった。これも想定内である。

5月1日（木）晴れ

＊敦徳吉林・1230m地点（7：30）—塔馬英（13：30）

上：順調に進む　下：強風始まる

朝は風が少なく快適。日本から持ち込んだ棒ラーメンを食べて出発。風が弱いのでガンガン歩く。重荷を背負ってないのでサポーターで固定した膝の調子も悪くなくペースよく歩ける。途中の休憩時に聞いた徐さんの話では予定よりも進んでいる感じだった。

しかしそうは簡単にはいかなかった。昼頃になると風が強くなり砂嵐となった。これはとても進めないと思えた。こんな時は仕方なく4WDに乗せてもらう。4WDにはかなわない。

今回は砂漠を歩くとはどんなものかと思い歩いているが、登山とはやや異なる気分である。4WDが一緒だからかもしれない。今日は全て歩けるかと思ったが、足場が悪く砂山が続くところで砂嵐となるとさすがに無理と思わざるを得ない。二度4WDの助けを借りた。

時間は早かったが相当進んでいた。4WDに乗せてもらったとはいえ快調に歩けたためだ。突然湖が出現した。オアシスらしい。人がいつもいるらしくパオがあった。徐さんはパオの隣にテントを張らせてもらおうとパオの中に入っていったが、すぐに戻ってきた。「中にいる人は酒を飲んで喧嘩をしていたので近くにいない方がよい」とのことで湖から少し離れた場所に移動し窪地の中にテントを張った。

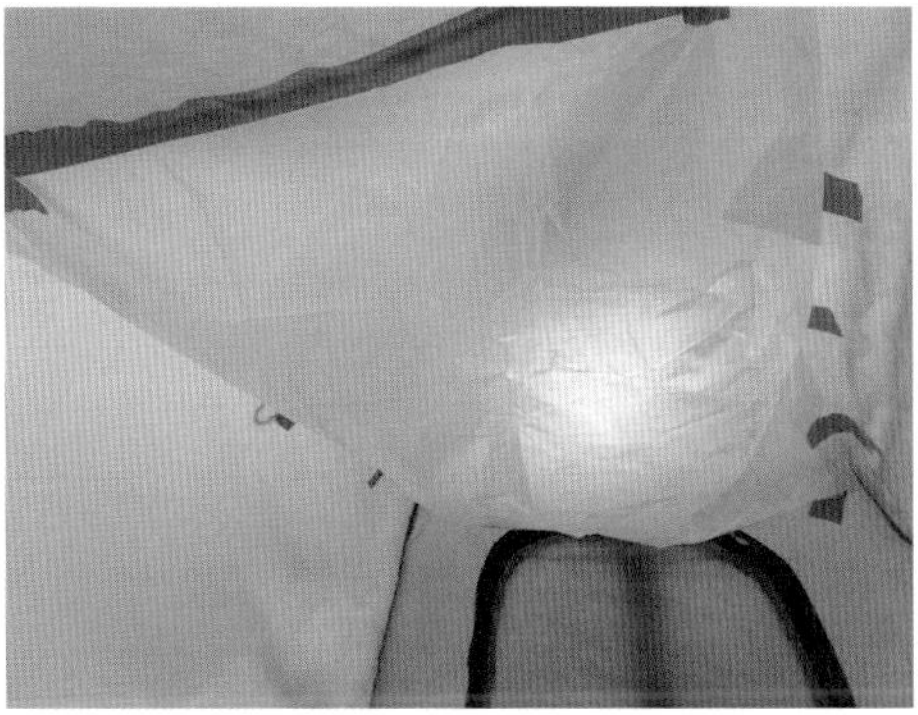
テント内で砂の侵入を食い止める

時間が早いが風も強いのでテントの中に入り横になっているとテント内に砂が入ってくる。どうしてかと思いテントの構造を確認すると、本体の天井部がメッシュになっており風が吹くとフライと本体の間に吹き込まれた砂が天井部のメッシュから入ってくることが分かった。いくら既に全身砂まみれになっているとはいえ、これは耐えられるものではなかった。仕方がないので大きなビニール袋を出してガムテープで天井部のメッシュの上から貼り何とか砂が入らないようにしてウイスキーを飲みながら過ごした。徐さんは明日は雨らしいと言っていたが本当か？　昨日もそんなことを言っていた。とにかく明日以降砂の侵入を防御できる場所で幕営できることを祈る。

夜になると風が止んだ。おかげでよく眠れたがとにかく頭から砂だらけで不快だ。風呂に入って旨いビールが飲みたいが、そんなことは当分夢のまた夢。

5月2日（金）晴れ

＊敦徳吉林・1230m地点（7：30）—1230m地点（13：00）—二号珠峰・1505m（13：55／14：00）—1230m地点（14：20）—巴丹吉林廟（15：30）

（二号珠峰・1505m登山：昇り55分、下り20分、標高差275m）

上：テント場の上に出るとよい景色
下：順調に進む

テント場の窪地を4WDで出るとすぐに歩かせてもらった。きついところはフカフカな登りだが、風も無くとても天気がよいので気持ちよく歩いた。蘭州はとても空気が悪い感じがしたが、砂漠は風さえ吹かなければ空気はとても綺麗で、ここが同じ中国かと思うほどである。こんな真っ青な綺麗な青空を見られるところが他にあるだろうか。

今日も効率よく進んでいる。2時間程度歩いたであろうか。峠のようなところへのフカフカの登りを登りきると思わず息を呑んだ。目の前にはとても綺麗な湖が広がっていた。こんな綺麗な景色に出会ったのは久しぶり。しばらくの間、ただ茫然と眺めた。

綺麗な湖を十分に堪能した後さらに進むと次の大きな湖が出てきた。湖の多い地帯に入ってきた。ここで我々と逆コースを4WDで来た中国人4人組と会った。一人は服装からして警察官のようだったが徐さんとの長話が始まったようだったので、私は挨拶だけして先を歩いた。この大きな湖を抜けると次の湖が見えてきた。どうもこの辺りの湖は塩を吹いていて真白な部分がある。特にこの湖は塩だらけといった感じだった。

上・中：綺麗な湖　下：最北部の湖

もうすぐで今回の行程の最北の湖に出る。これを見て南下すれば最終目的地の巴丹吉林である。徐さんが待っているところまで行くと、指を差し「あの上に登ると湖が6つ見えるが登るか?」と聞かれた。1つくらいピークハントも悪くないと思い登ることにした。いざ登ってみるとかなりの急斜面で思った以上に大変。蟻地獄に落ちた蟻のようで疲れた。標高差275mで1時間かかった。これがも

上：二号珠峰から見えた湖
下：巴丹吉林廟は間近

上：二号珠峰・1505m　下：二号珠峰の尾根

し雪面だったらかなり慎重にならざるを得ない急傾斜。山頂部は尖った三角形の頂点といった感じでスリルはある。ただし雪面とは違い砂山なので滑っても下まで滑落ということはないだろう。山頂で四方を見渡すと確かに6つ湖が見えた。特に裏側の湖が綺麗だった。下りはあっという間で20分で降りた。下って感じたことは砂山のよさは膝に優しいこと。今回登ったピークは二号珠峰という名で、最高峰の必魯図峰（ビルド峰）１６００mの北側に位置する。

下山後ほぼ終点まで歩いたが、最後にものすごい急斜面の下りが待っていた。歩いて降りてもよかったがこの急斜面を車で下るとどんな感じか体験してみたくなり車に乗せてもらった。やはりかなりの迫力だった。

巴丹吉林は湖畔に位置しており廟もある。歴史的にも人が居住していたところのようである。しっかりした建物（招待所？）もあり漢民族が常駐しているようだった。建物の隣にテントを張らせてもらった。

5月3日（土）晴れ

＊巴丹吉林廟滞在（標高1020ｍ）

今日も昨日と同様に天気がよい。今日は一日、巴丹吉林廟周辺に滞在。まず歩いて20分ほど離れたところにある湖を散策する。誰もいない静かな湖の周りを歩き、気に入った場所に座り込みしばらくの間湖をボーっと見ていた。やはり自然の中で過ごすのはよい。

ゆっくりしてからテントの近くの湖（廟海子、別名仙女湖）に戻る。湖畔を歩くと野生の山羊が群れているところで水が湧いていた。やはりここは砂漠の中のオアシスだ。色々な生物がいる。変な鳥もいる。湖の中の赤い部分をよく見ると赤い小さなエビのような生き物の大群もいた。持っていた資料を見ると牧畜民が食塩昆虫と呼んでいるエビ類で干して飼料にしているらしい。

早朝散歩

上：トカゲ
中：フンコロガシ
下：食塩昆虫

上：巴丹吉林廟　中：湖畔の清水
下：廟の遺物

　巴丹吉林廟は湖（廟海子、別名仙女湖）の畔にある。今の建物自体は新しいが資料を見るとチベット仏教寺院で１７５５年に建立されたとある。バダインジャラン等地名はモンゴル語由来で、宗教はチベット仏教ということらしい。巴丹吉林廟の周りには、立て直す前の廟を取り壊したときのものらしい瓦や器などが散らばっている。そんなに古いものには見えないが気になる。しかし残念ながら私はここの歴史をよく知らない。

　この日は風は強くはないが、巴丹吉林廟のある湖畔は風がよく通りじっとしているとやや寒いくらい。動くものは動物以外何も見ない。湖を眺めながら色々なことを考えた。考えることは、せっかくリフレッシュ休暇で仕事を離れてきたのに、会社が親会社に吸収されて以来変わってしまった仕事の進め方に対する不満や危機感。今のミッションが終わったら定年前でも辞めてしまい、そのときもし北方領土問題が解決して国後島、択捉島が居住可能にでもなったら住みに行こうなどと空想にふけってしまう。

　しかし自然の中で過ごす時間はよい。どうやら自然の中で過ごすことをしばらく忘れていたような気がする。ここは３６０度砂漠の風景で初めての世界だが、かつて探検的な山登りをしていた頃を想い出す。

砂漠に話を戻すと、砂漠の世界は強風だと地獄だが、風が止み天気がよいと空が恐ろしく青く、砂山や湖が信じられないくらいに美しい。空気もとても綺麗でここが中国であることを忘れてしまうぐらい。動植物は湖の周りでは特に多く、ここは山羊がとても多い。フンコロガシはどこにでもいるし、トカゲもよく見かける。

砂漠の自然の中でゆっくり時を過ごし色々なことを考えたが気が付くと夕方になっていた。テントに戻り夕食とする。毎日ろくに食べずによく歩いた。参考までに毎日の食事のメニューを記載しておこう。

〈毎日の食事メニュー〉

4/30	夜	中国製カップラーメン（とても辛い）、中国製ソーセージ
5/1	朝	日本製棒ラーメン（若い頃からの得意メニュー）
	昼	日本から持ち込んだ行動食（パン、ウィダゼリー、果物）*果物は中国で購入
	夜	日本製ワカメ入り米飯（湯を入れるだけ）
5/2	朝	日本製棒ラーメン
	昼	日本から持ち込んだ行動食（パン、ウィダゼリー、果物）*果物は中国で購入
	夜	中国製カップラーメン（日本製うどんスープで食べた。この方が旨い）
5/3	朝	日本製棒ラーメン
	昼	日本から持ち込んだ行動食（パン、ウィダゼリー、果物）*果物は中国で購入

	夜	日本製棒ラーメン、中国製ソーセージ
5／4	朝	日本製カップラーメン（小）

＊水：中国で購入したペットボトル＊ウイスキー：成田空港で買ったBLACK LABEL（ペットボトル）
＊ガスバーナー：中国製（徐さん）＊ガスコンロ：韓国製（持参したEPIのバーナーでも使用可能だった）

5月4日（土）晴れ

＊巴丹吉林廟（6：30）―巴丹吉林鎮（11：00／11：40）―紅墩子大峡谷―金昌駅（15：30）―蘭州駅（21：45）―兰州机场海航快捷酒店（22：30）

今日は4WDで砂漠から戻る日。朝早く出発すると途中で見た湖がとても綺麗だった。早朝で陽が斜めから当たりとても幻想的な風景で4WDを降りてしばらく呆然と眺める。このような風景はここでしか見られないものだろう。

4WDで先へ進む。しばらく行くとこの強風の時期にしては珍しく旅行者がいた。丁度起床したところらしくテントから人が出てきた。4WDを降りて英語で声をかけると、フランス人パーティーで8日間をかけて歩いてきて今日が最終日と言っていた。パーティーはフランス人7人（比較的年配の男女）、ラクダ6頭と中国人ガイド1人の構成だった。話をした人にお前は何人かと聞かれたので日本人だと答えるとやや驚いた様子で仲間に「ジャポネーゼ」と言っているのが聞こえた。彼らからみれば中国人も日本人も区別はできないであろう。

砂漠から出ると砂漠の中よりも寒いし風も強い。どうも砂漠の中は違うらしい。巴丹吉林鎮の出発地点のホテルに戻ると、徐さんがお金を払って昼食にしろという。私はそんなことより久しぶりにビールが飲みたかったので注文しようとしたが、何と驚くべきことにビールは無いと言われた。仕方なく出されたチャーハンを食べ20元支払った。チャーハンは米が硬くて決して美味しくはなかったが、腹が減っていたので全部食べた。しかしビールが飲めなかったのには参った。

ここで徐さんと別れ金昌駅まで迎えに来てくれた運転手の車に乗り換える。紅墩子大峡谷というところへ連れて行ってもらった。ここは高い岸壁の隙間を歩くようなところで、なぜこの様な地形ができたのかよく分からないが（看板には川の三角州の砂や礫が数千年かかって水や風で飛ばされ形成されたとかと書かれていた）何かの資料に書かれていたグランドキャニオンという形容はやや大げさではないか。

観光客は一人もいない寂しいところだった。

紅墩子大峡谷を後にし、金昌駅に向かうだけとなった。巴丹吉林鎮まで戻るとなぜか子供を乗せた車に乗り換えさせられた。次の車の運転手は女性だったが、子供を金昌に連れて行く車らしかった。100元が支払われていた。車が金昌に入ると今度はタクシーに乗り換えさせられた。20元ほど支払われたようだった。たらい回しにされてやっと着いた金昌駅で駅前の雑貨屋で買ったビールを飲んだ。まずいビールでも飲めてやっと落ち着いた気がした。

金昌からは汽車に乗り蘭州に向かう。帰りは硬座と呼ばれる座席で、とても混んでいて且つ煩かった。こんな車両に4時間も乗るのかと思うと憂鬱になった。砂漠の方がどれだけよいかと思った。その昔、中国の新幹線に乗ったとき携帯電話で話をする声が煩くて、ヒマワリの種や落花生の殻を床に散らかす光景を思い出していたが、今回はヒマワリの種や落花生の殻を床に散らかす光景は見られなかった。トランプをやっている光景も減った。牛肉入りカップ麺を食べている人（カップ麺が皆好きらしい）、スマホをやっている人が多い。そんな中、車掌は忙しい。ごみ袋を持ってのごみの回収、床の掃き掃除、水拭きを一人でやっていた。

蘭州には30分程早く着いた。中国の駅のホームには駅名があまり書いてないので、隣の人に確認して降りた。駅の外に出るとすぐにタクシーに乗り空港のホテルに直行した。３００元もかかったのは深夜割増ばかりではなくわざと遠回りされてしまったようだったが、面倒なので黙ってタクシーを降りた。

中：フランス人パーティー
下：紅墩子大峡谷

5月5日（日）晴れ

＊蘭州中川（7：45）―上海浦東（10：15／17：00）―成田（22：55）

昨夜はシャワーを久しぶりに浴びて全身砂だらけの体を洗い、やっとさっぱりできた。空港まで徒歩10分と朝早い飛行機に乗るにはとても便利なホテルだった。

中国ではいつものように色々なことがあったが、こうして初めての砂漠の旅は終わった。気分転換は図れたし色々と考えることもできたという意味では充実した旅だった。

2―2．バダインジャラン砂漠（2018年4月27日〜5月5日）―核心部の北側―

（1）はじめに

中国の砂漠探検の旅は、2014年5月のバダインジャラン砂漠から始まり、内モンゴル自治区（バダインジャラン砂漠、トングリ砂漠）と新疆ウイグル自治区（タクラマカン砂漠、グルバトングータ砂漠、クムタグ砂漠）の砂漠に足跡を残してきた。

砂丘の広がる綺麗な砂漠としてはバダインジャラン砂漠が一番だろうという印象があり、今回再訪してみることにした。トングリ砂漠のときと同様、今回も現地ツアーに参加することで進めたが、何と出発4日前にツアーが中止になってしまった。中国では何が起きるか分からないが、さすがに「これは無いだろう」と思った。ツアーの主催者はトングリ砂漠のときの温さんで、気心が知れているからよいと思っていたがまさか中止になるとは…。中止になった理由は現地で大会（4WDや徒歩でのタイムトライアル）が行われるからということらしい（現地に行って分かったことだが核心部に他の車が入ることができなくなったことが原因）。

温さんは、私に対して申し訳なく思い現地のガイドの馮さんに依頼したとのこと。当初は馮さんの都合も付かなかったらしいがその後都合がよくなり、出発2日前には馮さんにガイドしてもらうことが決まった。元々温さんのツアー参加予定者は5名程いたらしいが、連絡しても誰も戻らず結局大谷一名となった。この様に出発前から大ドタバタで今回の旅は始まった。一人でよかったと思った。

(2) 行程

	行程	宿泊
4／27（金）	東京・成田（9：40）―上海浦東（12：00／16：05）―蘭州中川（19：30／19：45）―蘭州駅近くのホテル	ホテル
28（土）	蘭州駅（9：00）―金昌駅（13：00）―金昌市街の馮さんの事務所（13：40／15：25）―ホテル（15：30）＊夕食：馮さんの事務所（18：30―21：00）	ホテル
29（日）	ホテル（8：00）―砂漠入り口（9：30／10：00）―東側入り口（10：45）―徒歩スタート地点（11：00）―10km地点（13：30）―農家（15：50）―引き返す―車に拾ってもらった地点（16：20）―第一キャンプ（16：35）	テント
30（月）	第一キャンプ（7：30）―徒歩開始地点（8：00）―①ポイント（9：00）―②ポイント（10：10）―③ポイント（11：05）―④ポイント農家（11：20／11：45）―、④ポイント：徒歩開始地点（11：50）―⑤ポイント：植物地	

	帯手前（12：45）―⑥ポイント（13：20）―⑦ポイント（13：45／14：30）―⑧最終点（15：00／15：20）―⑨第二キャンプ予定の窪地（15：20／18：00）―金昌市街の馮さんの事務所（21：30）―ホテル（22：15）	ホテル
5／1（火）	ホテル（8：00）―バダインジャラン砂漠北東の湖（11：30）―阿拉善沙漠世界地質公園・曼徳拉山（15：30／16：30）―金昌市街：羊肉麺の店（夕食）―金昌市街の馮さんの事務所（19：45）―ホテル（21：30）	ホテル
2（水）	金昌市内	ホテル
3（木）	ホテル（6：00）―金昌駅（6：54）―蘭州駅（11：25／13：05）―蘭州中川空港（13：50／18：15）―上海・虹橋（22：35）―ホテル（23：20）	ホテル
4（金）	上海滞在	ホテル
5（土）	上海浦東（9：00）→東京・成田（13：00）	帰宅

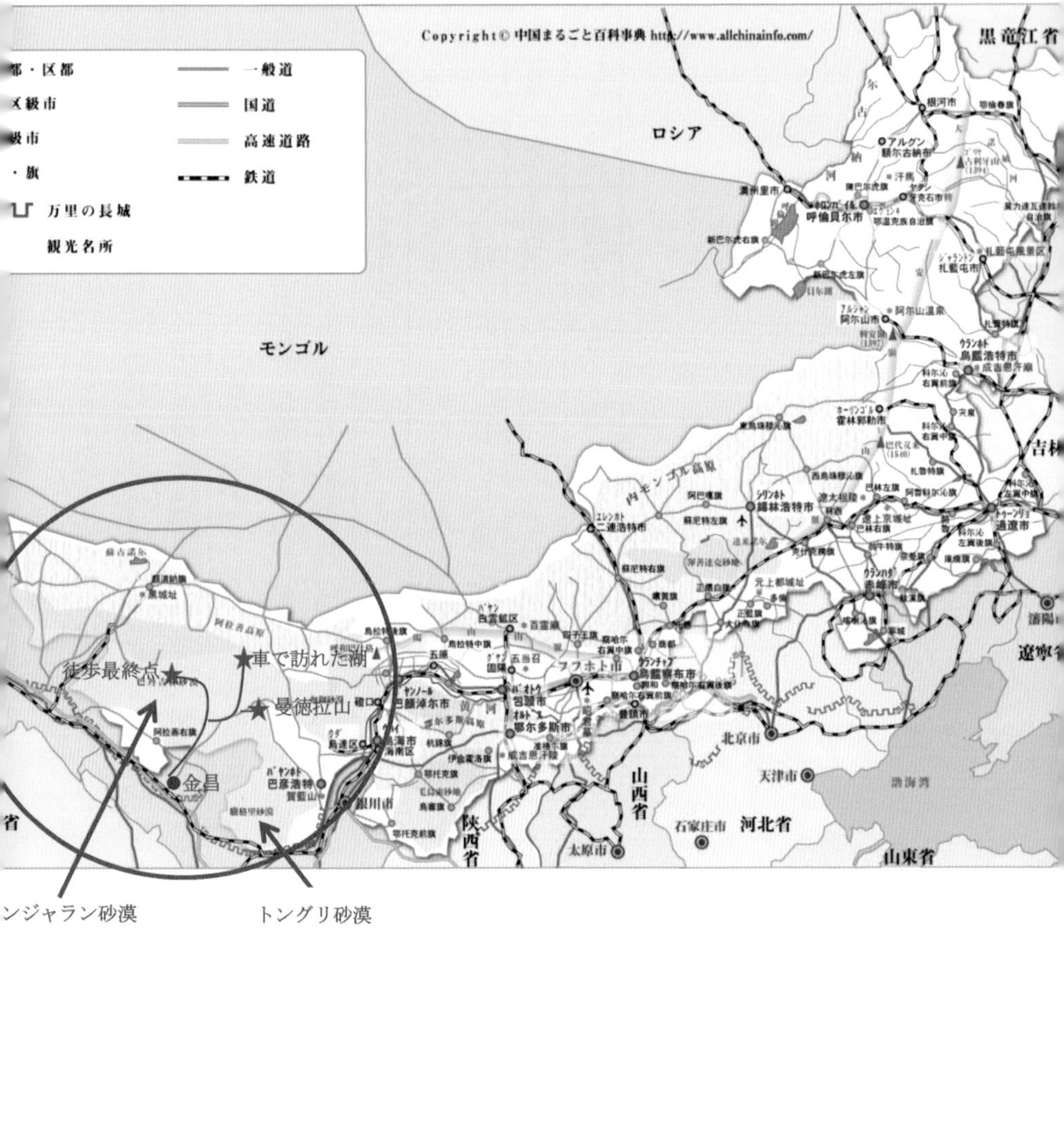
Copyright© 中国まるごと百科事典 http://www.allchinainfo.com/
一般道
国道
高速道路
鉄道
万里の長城
観光名所
ロシア
モンゴル
黒竜江省
徒歩最終点
車で訪れた湖
曼徳拉山
金昌
フフホト市
北京市
天津市
石家庄市
河北省
山西省
陝西省
太原市
山東省
遼寧省
ンジャラン砂漠
トングリ砂漠

（3）行動の記録

2018・4・27（金）　上海：晴れ

＊東京・成田（9：40）―上海浦東（12：00／16：05）―蘭州中川（19：30／19：45）―蘭州駅近くのホテル

出発直前は大ドタバタだったが何とか出発した。今回の旅は不安だらけだが、一人旅なので同行者に迷惑がかかることはない。開き直って行くしかない。

上海浦東空港で12万円分両替した（手数料込みで1元＝18・68円）。上海に駐在していた10年前（1元＝14円程度）と比べると随分元高になったと思う。上海では時間がたっぷりあるので、青島生ビールを飲んでくつろいだ。ここから先は生ビールなるものは飲めない。

蘭州中川空港から蘭州市街までは遠いが、今は蘭州駅までは汽車で行けるようになっていた。しかし19：45発の切符は満席で買えない。なぜ立ち席がないのか分からないが、そんなこと考えても仕方がない。問題は次の汽車は2時間待ち。待っているのが嫌になったので、前回来たときと同じようにタクシーを使って蘭州駅近くのホテルに入った。ホテルの近くでビールが買えたのでビールを飲んで寝た。

4・28（土）　金昌：晴れ

＊蘭州駅（9：00）―金昌駅（13：00）―金昌の馮さんのオフィス（13：40）―ホテル（15：30）…18：30―21：00　金昌の馮さんのオフィスで夕食

金昌行き汽車

今日は汽車で金昌まで移動。朝食を済ませ駅へ行く。空港行きの汽車の入り口は別にあり、切符の自動販売機もあった（しかし外国人はパスポートが読み込めないので窓口でないと買えない）。無事汽車に乗る。前回バダインジャラン砂漠に行ったときと同じ、蘭州始発金昌行きの「新空調一等軟座」という乗り心地の良い車両のＴ６６１１（１０５・５元）。天気もよく、途中で以前チャレンジした青海省のガンシェンカ雪峰方面の山も見えた。

金昌駅では今回のガイドの馮玉龍さんが待っていた。中国人には珍しく長髪でパーマをかけている。36歳の金昌生まれの漢民族。中国語オンリーだが少し英語も分かるらしい。金昌駅から金昌市市街地までは車で30分位。意外に離れていることを忘れていた。

ホテルにチェックイン後、馮さんの砂漠旅行会社のオフィスへ行き打ち合わせる。今回は2泊3日で前回と違うコースが歩けるらしい。東側を北上し西に向けて進む様なイメージだった。また「一日に10～15km歩けるか？　細い尾根を歩けるか？」と聞かれたので、「全く問題ない」と答えた。

打ち合わせ終了後はホテルに戻り、迎えに来ると言っている18：30まで部屋で外で買ってきたビールを飲んでいた。テレビのニュースは、昨日もテレビのニュースで盛んにやっていた北朝鮮と韓国のトップ同士の歴史的な会談（板門店）のニュースばかり。確か去年のGWは北朝鮮がミサイルを打ち上げているニュースばかり中国で見たと記憶しているが、変われば変わるものである。

18：30前に馮さんが部屋まで来てくれた。今回以降もそうだったが、必ず時間前に来てくれる人のようでこの点はよかった。麺にするとか言っていたが、連れて行ってもらったところは何と馮さんのオフィスで、奥さんが麺、焼き豚、野菜炒めを作って待っていてくれた。とても美味しかったが、ビールは無かった。ホテルで飲んでおいてよかった。

食事が終わるとティータイムが延々と続いた。自慢の茶器で緑茶、鉄観音、プアール茶など次々と飲ませてくれた。それと黒枸杞という異常に青い砂漠茶も頂いた。この独特なお茶は初めて飲んだ（調べると、枸杞とは漢方薬材で滋養強壮のほか目にもよいとされるとある）。馮さんとの会話はスマホの中国語―英語翻訳機に頼ることが多かったが、徐々に自分の中国語もヒアリングしてもらえるようになり旅の後半はスマホを使う回数が減った。しかし中国語も随分忘れてしまったことを実感した。

4・29（日）晴れ

＊ホテル（8：00）―砂漠入り口（9：30／10：00）―東側入り口（10：45）―徒歩スタート地点（11：00）―10㎞地点（13：30）―農家（15：50）―引き返す―車に拾ってもらった地点（16：20）―第一キャンプ（16：35）

よく眠れなかったのは、昨夜お茶を飲み過ぎたせいだろう。何となく頭が重いが、朝食後迎えに来た馮さんのＪｅｅｐに乗り込み出発。金昌ではそれなりにあった風が砂漠に近づくと弱くなった。

砂漠の入り口近くのガソリンスタンドで、給油、タイヤの空気圧減圧作業をして砂漠へ入る道を進む

上：馮さんの Jeep　下：砂漠に入る

と4WDが10台ほど集結していた。4WDの大会のスタート地点らしかった。警察も来ていた。なぜさっさと行かないのかと思ったが、馮さんが警察と話をしたところ「ここからは入れない」ということを言われたようだった。

警察との話が終わると来た道を引き返し、一旦ガソリンスタンドの近くの集落まで戻った。ここで作戦を立て直し再出発。先ほどのところより東側の入り口から入る。しばらく進むとすぐに「砂漠歩き」がスタートとなる。スパッツを着けストックを出して歩き始める。砂漠に入ったとはいっても自動車の轍が残るルートで、今日はこのルートをひたすら進むらしい。馮さんは車で先に進み待っている。途中で馮さんは「とても速いペース」だと言っていた。まだ砂漠の激しいアップダウンは無く砂地の道を歩

鎖陽

いているだけなので、どうということはない。途中ラクダの群れが現れ写真を撮りながら時間をかけて歩いたつもりだが、スタートして1時間半後の13：30に10㎞地点に到着。

馮さんはすっかり安心したらしくJeepでどんどん先に行ってしまった。この時点で、今回バダインジャラン砂漠の核心部に入れないことを理解してなかった私は、車が多く通っているルートを行けばよいのだろうと思ってしまった結果、車の轍の多いルートを選択し北へ行くべきを西向きにどんどん外れてしまっていた。漢方薬になる鎖陽[1]が出ていたので写真を撮ったり、色々なことを考えながら歩き1時間ほど経った頃農家が見えた。ここだと思ったが行ってみると馮さんの車は無く、ここで初めてルートを間違えたことが分かった。しかし動揺は無かった。怪しいと思われた地点まで戻りそこで待っていればよいと思った。万が一、一夜を明かすことになったとしても自分の持っている装備からして大丈夫であろうと高を括っていた。

とにかく道を戻った。しばらくすると前方から猛スピードで車が走ってきた。馮さんだった。馮さんはかなり焦ったらしく、車を降りると私に抱き着いてきた。「こちらはそれ程焦ってないよ」と思ったが、「私がミスをした」と言って謝った。結局お互い悪かったということで話はまとまった。

（1）**鎖陽** Cynomorium songaricum：胃腸薬になる。食べるとお腹がすく。味は甘苦い。甘いものと苦いものがある。馮さんの話では精力剤。

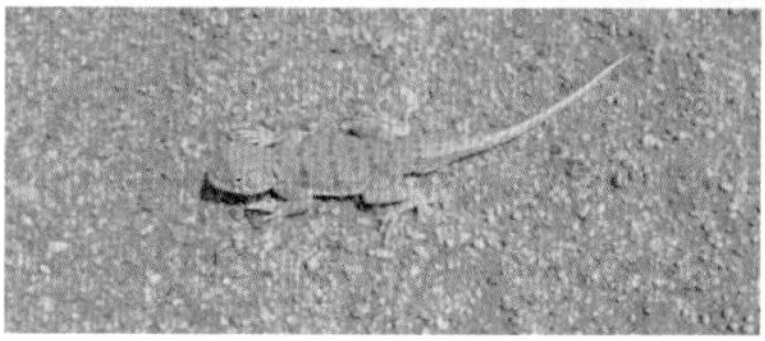

トカゲ

上：岩稜帯　下：第一キャンプ

Ｊｅｅｐに乗車し10分ほど走ると本日のキャンプ地に到着。バダインジャラン砂漠の東の端の岩石地帯で井戸水も出る良い場所だった。馮さんは着くとすぐに大鍋とストーブを出して、羊肉のスープを作り始めた。1時間以上煮込まないと肉が軟らかくならないらしかった。石炭をくべて馮さんと周辺の岩露出地帯を散歩する。安山岩か？　地上で浸食され変わった形に浸食されたものが多い。馮さんの話では1万年前から露出しているものとのこと。前回のバダインジャラン砂漠では訪れなかったところで面白い。

散歩から戻るとビールを飲む。馮さんは青島ビール500ccを何本も持ってきてくれていた。全く感謝である。羊肉を食べながら何本もビールを飲んだ。この夜はビールを飲んで色々な話をした。話の中では「大谷は厲害（Lìhài／リーハイ：すごい！とか素晴らしい！という意味）。とても速く歩ける人」になっていた。最後は大谷が持参したウイスキーまで飲んで盛り上がった。そして一人用テントに入り、下に敷かれたマットの上に寝袋を広げた布団をかけて寝た。

夜中に一時雨の音がした。風も一時出て空のビール缶が転がる音がした。星は見えなかったが月は満月だった。明るくなるまでよく寝た。

4・30（月）晴れ

＊第一キャンプ（7：30）—徒歩開始地点（8：00）—①ポイント（9：00）—②ポイント（10：10）—③ポイント（11：05）—④ポイント農家（11：20／11：45）—④ポイント：徒歩開始地点（11：50）—⑤ポイント：植物地帯手前（12：45）—⑥ポイント（13：20）—⑦ポイント（13：45／14：30）—⑧最終点（15：00／15：20）—⑨第二キャンプ予定の窪地（15：20／18：00）—金昌市街の馮さんの事務所（21：30）—ホテル（22：15）

一人で行く

キャンプ地点からしばらく車で進み馮さんが示した地点から歩き出す。バダインジャラン砂漠の北側を西に進むイメージである。いよいよ砂丘の続く砂漠の歩きに入った。最初の①ポイントでは、馮さんは遠くからも見えるところで待っていてくれた。Ｊｅｅｐが止まっている高台まで最短コースの砂山の尾根を行く。着くとまた「リーハイ」と言われた。アップダウンの激しい砂漠に入ってもかなり速いということで驚いている様子だった。本人は普通に歩いているつもりなのに。

それにしても一人で歩くのは楽しいものだ。色々なことを考える。周囲は一面が砂漠の山々。誰にも会わない。人に会わなかったのは大会をやっているせいかもしれないが、気分は悪くない。中国の砂漠は今回が最後で、来年は外モンゴル（モンゴル国）へ行ってみてもよいのでは等と北の方を見ながら考えた。自分が今までに行った中国の砂漠は

真下に農家

新疆ウイグル自治区と内モンゴル自治区だが、内モンゴルの続きは外モンゴル（モンゴル国）であり、このバダインジャラン砂漠はモンゴル国に続いている。核心部の北側を歩いているせいか、モンゴル国まで行って砂漠の旅にきりを付けてもよい気がしてきた。仕事のこともつい考えてしまったが「次はモンゴルか」等と考えながらストックを突きながら進んだ。馮さんは大谷のペースが異常に速いのでただただ驚いている。

③ポイントまで来たところで馮さんはＪｅｅｐに乗れという。言われるままＪｅｅｐに乗ってしばらく行くと崖のようなところに出た。Ｊｅｅｐを降りて崖の下を覗くと農家が見える。そこで休憩らしいが、馮さんはまたＪｅｅｐに乗れというので乗ると、45度急斜面を一気に走り下り農家に出た。おそらく４ＷＤに乗っている人にとっては醍醐味の一つなのであろう。確かに迫力はある。

農家は宿泊施設も備えたようなところで、テーブルを借りて馮さんが持ってきたスイカを食べた。喉が渇いていたので旨かった。農家からは、少し車に乗り前方がよ

昼はかなり暑い

く見えるところで降りて、どの様に進むかレクチャーを受ける（、④ポイント）。馮さんは「Ｊｅｅｐは下のルートを行くが大谷は山の尾根を進め」という。今回のコースはアクセントとなる湖がないのが面白くないが、ここは三角形の頂点を歩くコースで面白かった。これが雪山だったらかなり怖いが、砂山なので何てことはない。

山を越えしばらく行くと植物の多い地帯に出る。馮さんの話では真っ直ぐ進めというので真っ直ぐ進んで植物帯を抜けると90度左に曲がり一方的な登りを登る。登り切ってさらに進むと景色のよいところで馮さんは待っていた（⑦ポイント）。気温が上がりかなり暑くなっていたので、車の陰に椅子を出して休憩した。水を飲みながら馮さんに聞いた話は興味深いものだった。以下の通り。

馮さんは毎年モンゴルまで（正確にはモンゴルとの国境付近の額済納旗というところまでらしい）バダインジャラン砂漠を越えて行っている。

・車で3日、徒歩で17日間かかる（おそらく馮さんは車でしか行ったことがない）。

・今回、この様なコースになったのは大会が行われたため。歩ける大谷には申し訳なかった（既にこの場所は今回の終点に近かった）。

まさにモンゴルのことを考えていたので興味深い話だった。バダインジャラン砂漠を越えて行かなくても直接モンゴルへ行ってもよいと思った。

休憩後最終地点に向け出発。Ｊｅｅｐは急斜面の上り下りを蛇行しながら行くが大谷は直線的に急斜面を下って登って進む。最終ポイントは崖だった。手前で馮さんが隠れるようにして待っていた。馮さんに手招きされて崖の淵まで行って下を覗き込むと50ｍ位下に湖があった。前回通ったどこかの湖かもしれないと思われたが、馮さんは「下に人が居て見られるとまずい」と言ってすぐに隠れるよう指示され、じっくり眺められなかった。湖には宿泊施設が３つあり、大会参加者が集結しているという。馮さんの警戒の仕方はかなり異常で、警察に何か言われていたのかもしれないが、その辺りのところはよく分からない。

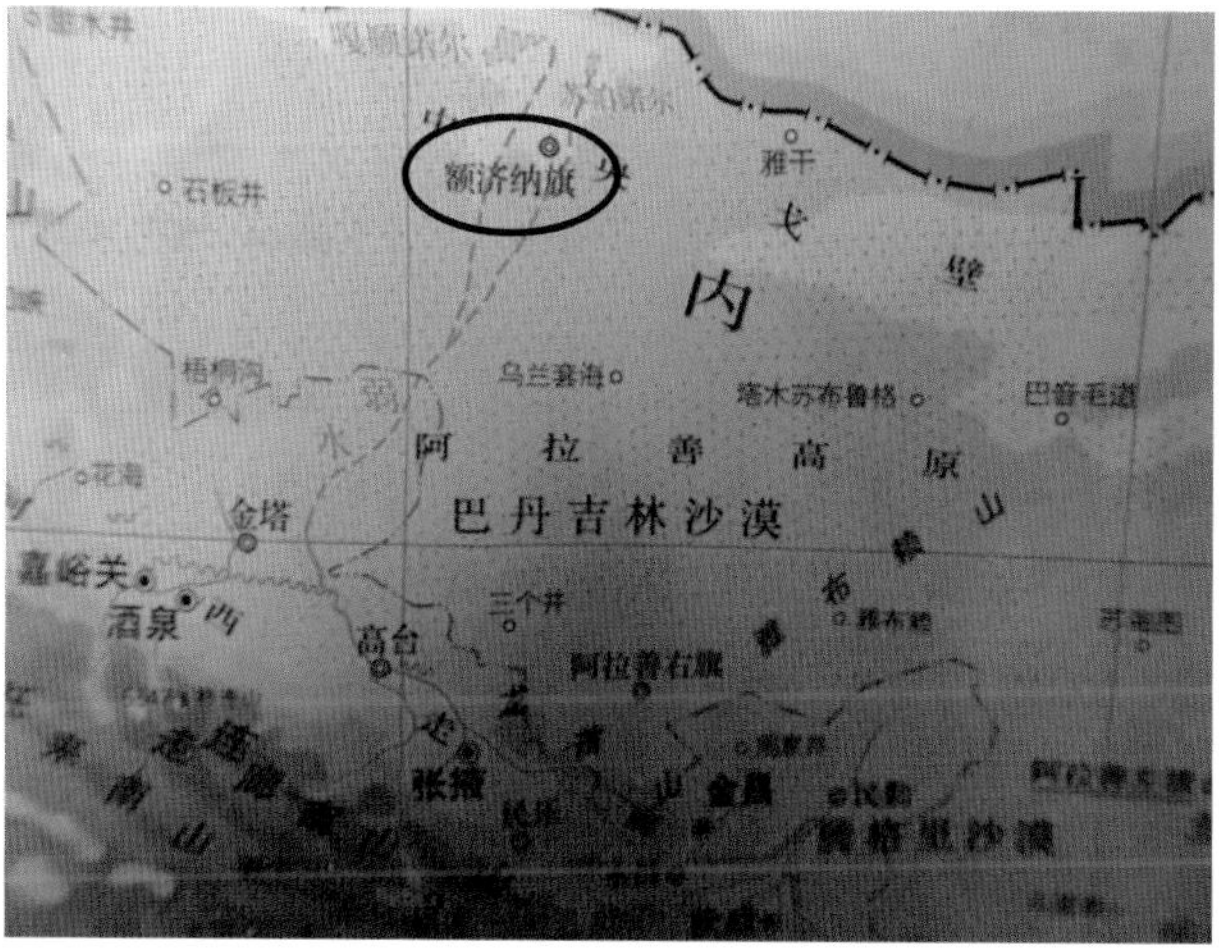

モンゴルまで続くバダインジャラン砂漠

いつの間にか風が出てきた。雲の動きも速い。下の窪地に移動してテントを張ることにした。下に移動すると羊肉の煮込み作業が始まり今後どうするか話をした。また同じルートを歩いて帰るか聞かれたが、同じルートをまた歩いても意味がないと思いそれをお断りしたことで、ここにテントを張り明日Ｊｅｅｐで戻ることになった。しかし風がどんどん強くなり、風がさらに強くなって砂まみれになるのは嫌だという話になったところで、馮さんは「今日中にホテルに戻ってビールにするか」という誘惑的な提案をし

最終地点

てきた。こんな提案を聞いてしまっては乗るしかなかった。羊肉スープができたところで、ネギ、大根、カップ麺の麺とスープを入れて羊肉煮込みラーメンを完成させ、それを食べて帰路に就いた。

こうして3日間の予定が2日間となりアッという間に終わってしまった。初日15km、2日目20km歩いたであろうか。前回のような綺麗な景色は見られなかったが、違うコースが歩けてよかったと考えるようにした。

馮さんのオフィスに戻るとビールを一本飲んでホテルに送ってもらった。馮さんは、電話やオフィスに来た人に「大谷の足が速く短期間で砂漠から帰ってきてしまった」と何度も自慢げに話していた。

5・1（火）晴れ

＊ホテル（8：00）―バダインジャラン砂漠北東の湖（11：30）―阿拉善沙漠世界地質公園・曼徳拉山（15：30／16：30）―金昌市街：羊肉麺の店（夕食）―金昌市街の馮さんの事務所（19：45）―ホテル（21：30）

今日は馮さんがとても面白いところに連れて行ってくれるという。昨日、家族も一緒でよいかと聞かれたので「問題なし」と回答していた。この日はメーデーで学校も休みらしく息子さんも連れて行くつもりでいた。

まず馮さんと奥さんと大谷の3人でホテルを出発。息子さんは学校の近くに住んでいる馮さんのご両親と一緒に暮らしているとのこと。子供を親に預けて仕事をするということは中国ではよくあることかもしれない。確か前回ここへ来た時も蘭州から金昌までの汽車の中で知り合った日本語を話す中国人女性が金昌に住む親に子供を預けていて会いに行くところとか言っていた。

馮さんのご両親の家まで迎えに行ったが、息子さんはどこかへ出かけてしまったらしい。馮さんはやがっかりかもしれない。学校の近くで珍しく外国人（黒人女性）を見かけたとき、馮さんは英語の先生だろうと言っていた。金昌でも幼い頃から英語教育を熱心にやっているのではないか。勿論、皆子供の教育には熱心なはずである。

気を取り直して3人で出発。馮さんの奥さんはやたら愛想の良い人でお菓子をくれた。私も食料が余っていたので、日本のお菓子も食べてもらったりしながら移動時間を過ごした。車はまた砂漠の方向に向かっていた。砂漠の手前で東に進みしばらくしてから北に向かうやや細い道に入りひたすら北上し

湖

上：モンゴルまで行けそうな道を北上
中：ガイドの馮さん夫妻
下：内モンゴルの青い空

た。トングリ砂漠は東南の方向。このまま行くとモンゴルまで行ってしまうのではないかという感じの道を北上した。

50km以上進んだ頃か奇岩地帯に出た。一昨日の4月29日の砂漠に宿泊した場所が奇岩地帯の西側だとすれば、ここは東側といった感じ。奇岩地帯で写真を撮りさらに北上すると砂漠地帯の中の湖に出た。今回初めてじっくり見た湖だった。馮さんがまず見せたかった場所だ。この辺りから砂漠に入るパターンもあるらしく、今度それをやらないかと馮さんは言った。確かに観光的なところから離れているので面白い気がする。やるのであればモンゴルまで行ってみたい気がした。馮さんは「大谷に対する今回のコース設定は間違えた」と言って謝ってくれたが、私は「それは仕方がない」と返していた。湖も綺麗だったが空を見ると青空がとても綺麗で、内

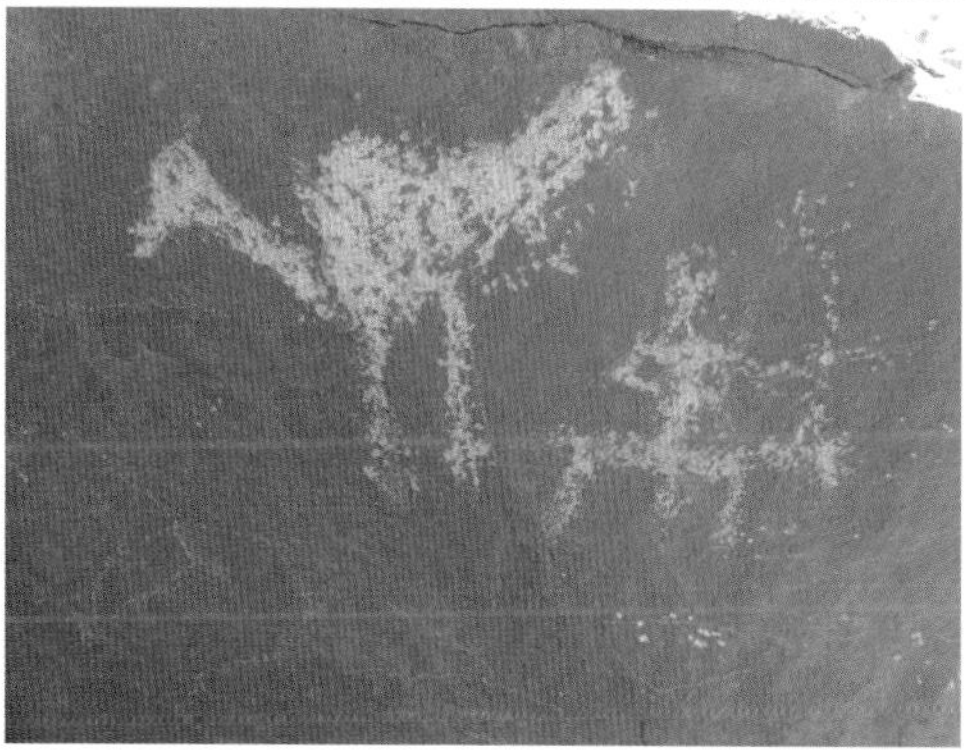

岩に描かれた古代の絵

モンゴルの青い空がとても印象に残った。

北上する道を行くのはここで終わり。ここから引き返し、次は馮さんが見せてくれた写真の場所へ行くという。その写真とは、岩に動物のような絵が描いてあるもので、漢字ができる前の象形文字の原型のようなものに見える。車は南下しそして東へさらに進む。

阿拉善沙漠世界地質公園というところに着いた。曼徳拉山というところで、登ってみるとあちこちに、数千年前に岩に描かれた動物のような絵（象形文字の原型のような絵）があり、その岩が何と無造作に多数転がっている。描かれている岩は変成岩の平らな面と思われる。何を使って描くと数千年も残るのか分からないが動物などの絵がはっきりと残っている。漢字（甲骨文字）ができたのは紀元前1300年の殷の時代ということだから、ここにあるものはそれよりも前の時代なのかもしれない。或いは地理的な位置からするとモンゴル人が関係しているのかよく分からない。

２０１６年にトングリ砂漠へ行ったとき銀川の博物館で全く同じものを見たことを思い出した。銀川は寧夏回族自治区だがここから近く、博物館で展示されていた展示物はここのものではないかと思われる。振り返ってみると旧石器時代や４～５千年前の新石器時代の農耕遺跡が発見されているとあり、春秋戦国時代は羌戎、匈奴が分散して居住していたとあった。とすると石に書かれた絵は、羌戎、匈奴の先祖が残したものなのかもしれない。

金昌麺

曼徳拉山を登って行くと上の方にも絵が描かれた岩はあった。馮さんは疲れてきた様子で「大谷は膝を悪くして登山ができなくなったのでこの辺りで降りよう」などと適当なことを言いだした。私も別に何のこだわりもないので下山することにした。しかし、なぜこの様な貴重なものが無造作に転がっているのか改めて不思議に思った。幾つかの絵の描かれた岩には柵が付けられているが、ほとんどがむき出しである。もっときちんと保護した方がよいのではないかと思ってしまう。

金昌に戻ると羊肉麺を専門店で食べる。きし麺のような平たい麺と細長い麺の短く切られたものが、野菜、細い豆腐、肉と一緒に煮込まれていてレンゲのみで食べた。量が多かったが美味しかった。

食事後馮さんのオフィスに行くと、そこへ来た友達やかかってきた電話の相手に私のことを延々と話している。全く何度も何度も褒められるので英雄にでもなったような気分だが、実際の大谷の体力はかなり衰えてきていると言わざるを得ないのが実のところである。馮さんには「今後もバダインジャラン砂漠をやらないか」と誘われたので肯定的な答え方をした。確かにモンゴルまで歩いていくのは面白そうである。

5・2（水）晴れ

＊金昌市内

金川集団のニッケル露天堀

金昌博物館に行くが休館だった。昨日見た絵が描かれた岩の勉強をしたかったので残念。仕方がないのでニッケル生産量世界第二位という金川集団が作った科学技術館に行き、露天掘りしているところも見た。上海で仕事をしていた頃を思い出した。２００５年の今頃だった。硫酸タンク用の耐食樹脂を売り込むために金川集団を訪れた。蘭州から車で5時間くらいかけて金川集団を訪れ、技術プレゼンを行ったのだが白酒ばかり飲まされ、白酒さえ飲めば商売はうまくいくと思っていたことを思い出した。金川集団は病院や学校も持っていて、金昌は金川集団の町と言ってよいことも思い出した。

午後は一人で金昌市を歩いた。金昌市は金川集団の町。金川の名が付いた施設も多い。中心部らしきところを歩いたが、外国人らしき人は全く見なかった。人民広場にはなぜか毛沢東の像が無い。スイカを露店で売っていたのでいくら位なのか確認すると、30元／個程度という高値だった。スイカの産地の10倍程度の価格だと思う。スイカの産地から送られてきたものなのだろうと思う。

5・3（木）　晴れ

＊金昌（6：54）―蘭州（11：25／13：05）―蘭州中川空港（13：50／18：15）―上海虹橋（22：35）―ホテル（23：20）

馮さんに金昌駅まで送ってもらう。とりあえず「また来たいですね」と言って握手して別れた。金昌駅ではザックのレントゲン検査で登山ナイフを取られそうになってしまった。女性の職員だったが真面目に見ていたらしい。ザックからスイス製のナイフを取り出し差し出した。女性職員は刃の部分の長さを測りダメだというしぐさを見せた。仕方がないので諦めて立ち去ろうとしたときだった。声をかけられナイフを返してくれて、すぐにしまうようにと言われた。初め職員は感情もないような人に見えたがとても嬉しかった。謝謝と心を込めて答えた。

汽車は色々な人が乗っている。来るときに乗った列車と違い快適ではない。目の前に座っていた子供が煩く寝始めても起こされてしまう。しかしこれで金昌ともお別れである。後は上海に行って帰るだけなので気楽な気分になった。蘭州では改めて蘭州ラーメンを食べたが、金昌の羊肉麺の方が美味しかった。

5・4（金）　晴れ

＊上海市内

かつて住んでいた青浦まで地下鉄が延長されていたので朱家角（水郷）まで行き、青浦にも寄ってかつて住んでいたホテルにも顔を出してみた。知り合いの女性が出てきて少し話したが、このホテルはホテル業を取りやめ中国人向けマンションになってしまったとのこと。宿泊予約ができなかったわけである。やはり時代は変わった。寂しさを感じざるを得ない。

上海虹橋に戻り、かつて働いた自分の会社の現地法人の人達と飲んだ。現地法人の中も私が働いていた頃とはずいぶん変わっている。

（4）おわりに

2008年に上海から帰任後も中国を何度も訪れた。登山に始まりここ数年は膝に優しい砂漠にはまっていた。今回の砂漠の旅では、バダインジャラン砂漠の核心部の端を歩いたこともあり最北のモンゴルを意識した。数千年前に岩に描かれた動物の絵を見ているとモンゴルとの関係も気になりモンゴルの砂漠も行ってみたい気がした。

2―3．バダインジャラン砂漠（2019年4月28日～5月4日）―東側～北上―

（1）はじめに

昨年、バダインジャラン砂漠を再訪した時はこれが最後だと思ったが、今年の夏にモンゴルのゴビ砂漠を訪れる計画を立てるにあたり、モンゴルのゴビ砂漠に続くバダインジャラン砂漠をもう少し歩いてみたくなった。昨年のガイドの馮さんは、大谷の走力に合ったルートを考えているということで、もう一度だけ行ってみることにした。今回のコースはバダインジャラン砂漠の東側を北上する2泊3日のコースである。

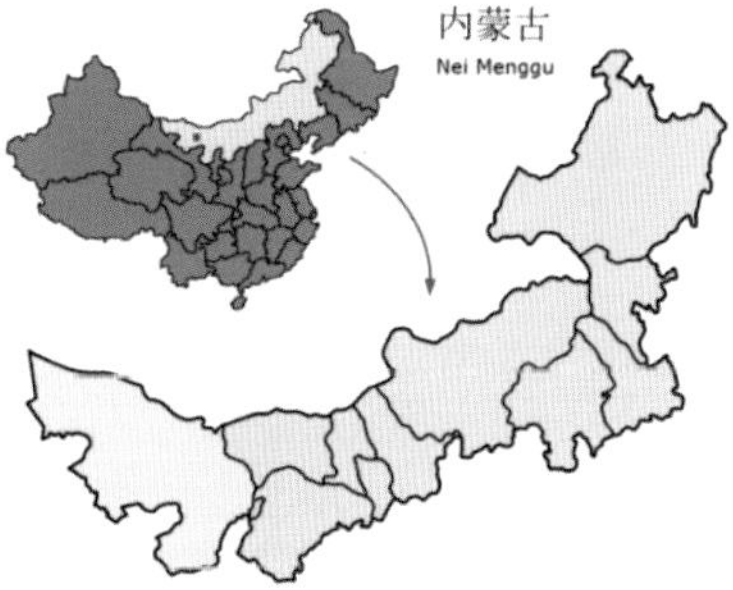

（2）行程

	行程	宿泊
2019年 4／28（日）	東京・成田（9：35）―上海浦東空港（11：40／16：05）―蘭州中川空港（19：30／20：10）―蘭州駅（21：30）―駅近くのホテル（21：40）	ホテル
29（月）	蘭州駅（8：58）―金昌駅（13：10）―金昌市街（13：40　昼食、馮さんの	

	事務所で打ち合わせ）―ホテル（15：20）＊夕食：馮さんの事務所（18：00―20：00）	ホテル
30（火）	ホテル（8：20）―砂漠東側入り口・徒歩スタート地点（10：00／10：05）―砂漠の中の川（11：00）―紅柳沟障址（11：20）―7・5h歩いた地点・26―30km地点（17：30）＊車で進むコースが難しくなり車に乗せられる―C1（19：10）	テント
5／1（水）	C1（6：50）―4・5h歩いた地点・約16km地点（11：30／12：30）―7・5h歩いた地点・26―30km地点（15：30）＊車で進むコースが難しくなり車に乗せられる―C2（17：00）	テント
2（木）	C2（6：40）―湖・西岸（8：10／9：00）―湖・東岸（11：00頃）＊判断に迷う―モンゴル人宿泊施設（12：05／16：00）―金昌（19：40）	ホテル
3（金）	ホテル（5：30）―金昌駅（5：50／6：30）―蘭州駅（10：30／11：52）―蘭州中川空港（12：45／15：10）―上海・浦東空港（17：45）―静安寺ホテル（19：20）	ホテル
4（土）	上海浦東→東京・成田	帰宅

（3）行動の記録

2019・4・28（日）上海：晴れ

＊東京・成田（9：35）―上海浦東空港（11：40／16：05）―蘭州中川空港（19：30／20：10）―蘭州駅（21：30）―駅近くのホテル（21：40）

今年のGWは10連休と長いので海外へ行く人が多い。成田空港はさぞかし混んでいるであろうと思ったがそれ程でもなくスムーズに上海まで行った。浦東空港での両替は、今年は1元＝17・88円で昨年よりは有利なレートだった。上海から蘭州までは長い。ほとんど寝ていた。

蘭州中川空港から蘭州市街まではバスが出ていたので30元で行くことができた。昨年は鉄道に乗れずうろうろしているところを白タクに捕まりぼられた。蘭州駅前でバスを降りると、予想通りホテルを探すのに時間がかかった。一度ホテルの前を通り過ぎていたが気が付かなかった。小さいホテルではよくある。駅の近くのお店でビールを買って、店の人に聞いて場所が分かった。ホテルに入ると旅情中国の鄒さんが手配してくれた金昌までの鉄道往復切符を受け取り、ビールを飲んで寝た。

4・29（月）金昌：雨

＊蘭州駅（8：58）―金昌駅（13：10）―金昌市街（13：40　昼食、馮さんの事務所で打ち合わせ）―ホテル（15：20）夕食：馮さんの事務所（18：00―20：00）

今回は、成都発ウルムチ行きの硬座という列車に乗る。昨年までは金昌行きの軟座と快適な特急を利用したが今年はその特急は無いらしい。混雑している硬座の列車に乗るのかと思っただけで憂鬱になる。金昌まで4～4・5時間かかる。改札が始まり大勢の人の流れに乗ってホームへ行く。自分の座席は一番前の車両の最も後ろの席だった。席の番号がカーテンで隠れていて分からなかったので各車両にいる車掌に案内してもらった。やはり既に人が座っていたがどいてもらった。

汽車の中では本を読んだりして過ごした。思ったより空いていて不快さは少なかったが、やはり大声で話をする煩い人がいる。金昌が終点ではないので乗り越さないように気を付けていたが、金昌に近づくと車掌が私の肩をたたき出口に導いてくれた。中国の汽車の中では、車掌は車両の掃除をしたりおかしな人を注意したりで大変そうだが、この車掌はまじめな人だと思った。

汽車を降りると強い雨が降っていて寒い。金昌駅の出口まで行くと馮さん夫婦が待っていた。奥さんは相変わらず無邪気な人でとても喜んでくれているようだった。馮さんはすぐに傘を貸してくれて一緒に馮さんの車まで行くと、何と新車になっていた。中国製のダットサンのような車で、後ろは荷台になっているので荷物がかなり載せられる。どうも今回はガイド料が高いと思ったが、「新車を買ったから」と馮さんは言っていた。

まず3人で金昌ラーメンを食べに行く。昨年も食べたやつで、3種類の短い麺、豆腐、野菜が入っていて箸は使わずレンゲで食べる。量は多く、寒い日だったが食べると汗が出た。

食事後は馮さんの事務所で明日以降の行程について打ち合わせる。昨年入ったコースから入り東部を北上する100km近いコースとのこと。昨年バダインジャラン砂漠外の東側の道を車で北上したが、そこへ出て帰ってくるルートとのこと。健脚者コースらしい。

時間があったので昨年入れなかった博物館をリクエストしたが、今年もやってないとのことで諦めた。夕食は事務所で奥さんの手料理を頂いた。美味しかった。ビールと茶色の酒を飲んだ。茶色の酒は以前青海省に行ったときに土産にもらった養命酒のような健康に良い酒と同じ感じのものだった。砂漠で取れる鎖陽の酒らしい。

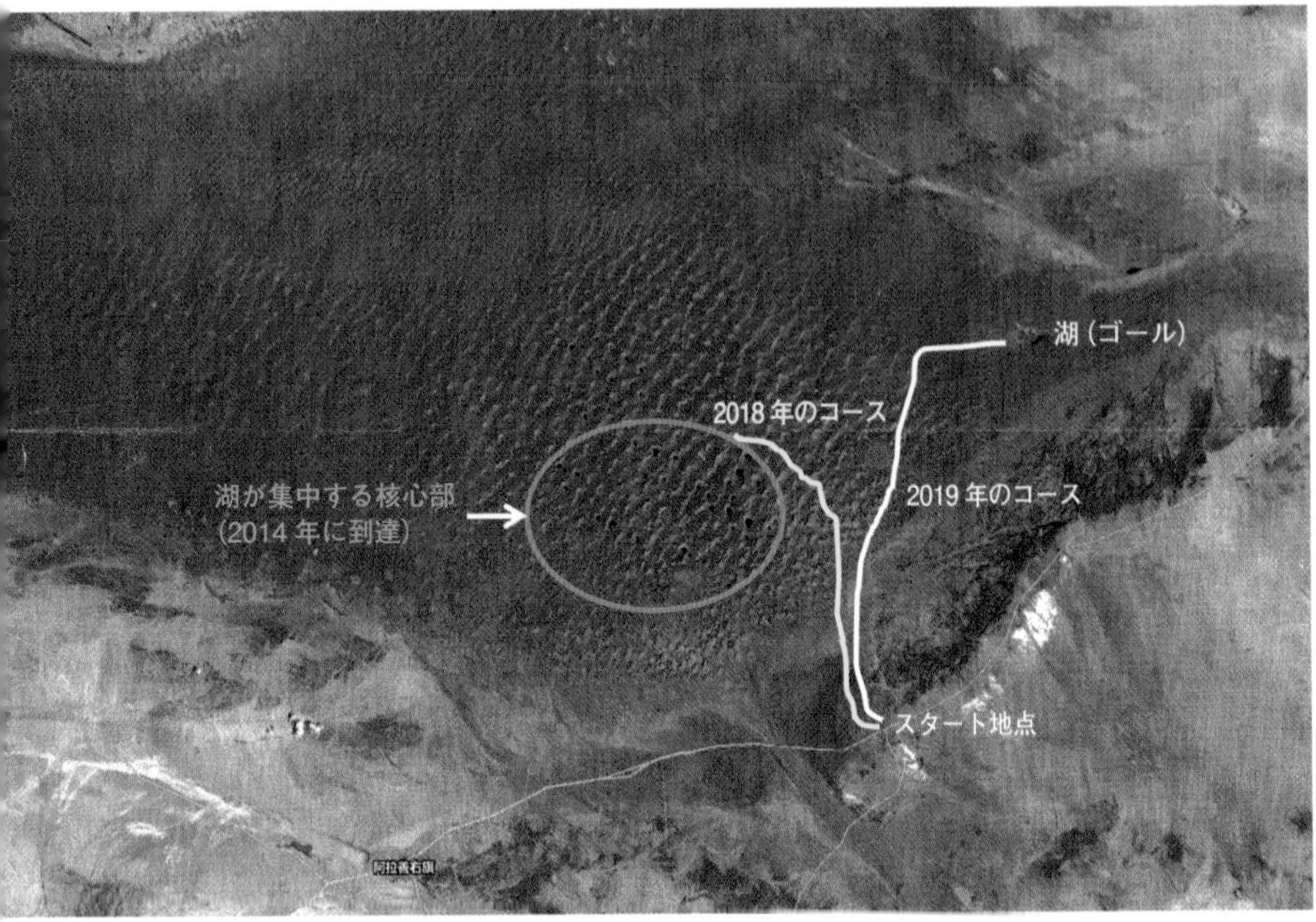

バダインジャラン砂漠

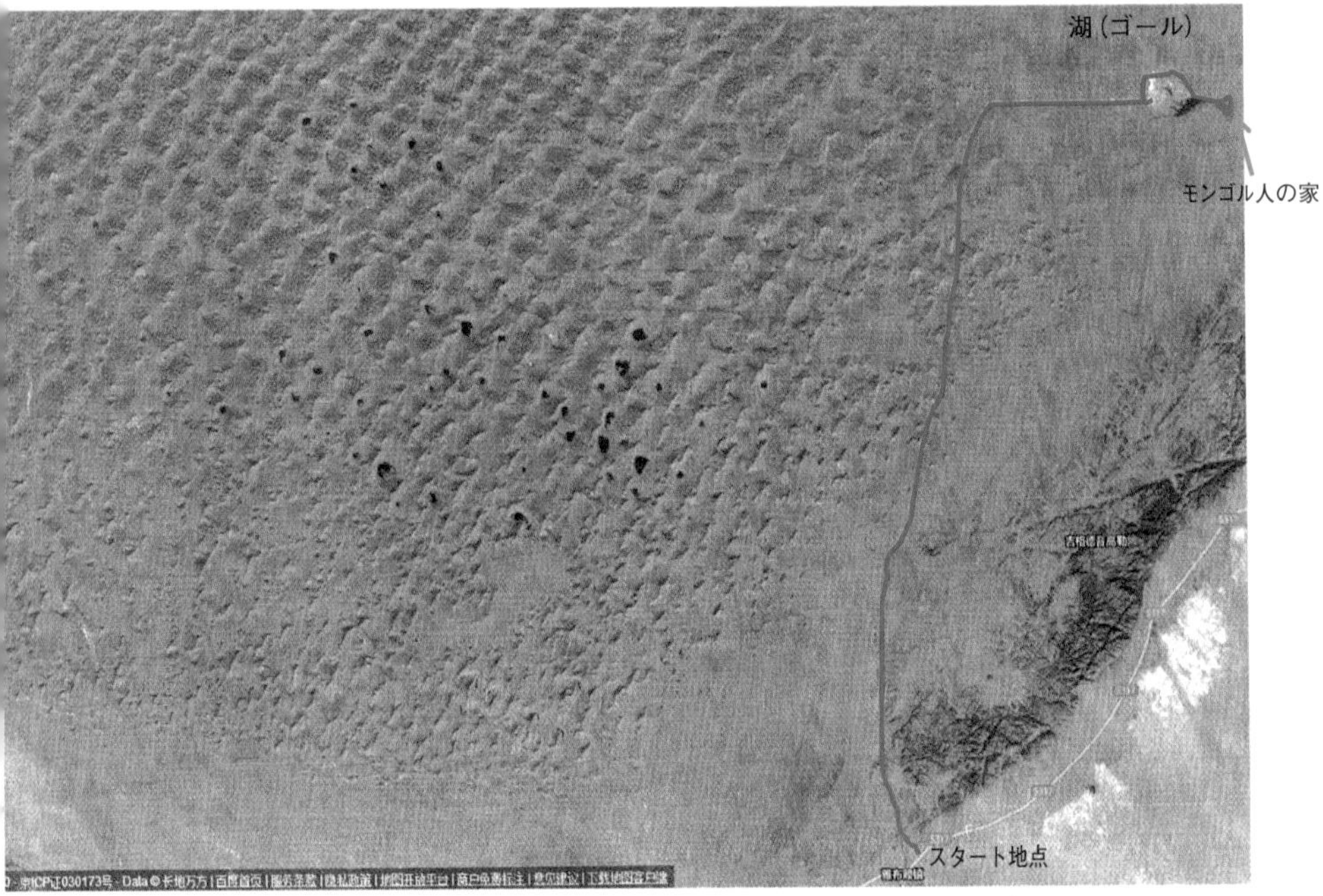

バダインジャラン砂漠拡大図（今回歩いたコース）

4・30（火）晴れ（時々風やや強し）

＊ホテル（8：20）―砂漠東側入り口・徒歩スタート地点（10：00／10：05）―砂漠の中の川（11：00）―紅柳沟障址（11：20）―7・5h歩いた地点・26～30㎞地点（17：30）＊車で進むコースが難しくなり車に乗せられる、途中で車が深みにはまり手を貸して脱出―C1（19：10）＊風が強かったのでテントを張らず車の中で寝る

昨年と同じようなところから入りすぐに徒歩スタートを開始する。昨年と明らかに違うのは、水が流れる川や歴史的なものを示す内モンゴル自治区の「紅柳沟障址」という石碑（紅柳＝タマリスクが川筋を遮っていたところという意味らしい）を通ったこと。水が流れているのは今だけかもしれないと思えるほど水量は少ないが、この石碑の名前からすると元々歴史的に川が流れていたところらしい。おそらくモンゴル人にとっては貴重な水だったのだろう。バダインジャラン砂漠東部は岩場も広がる部分があることが特徴らしく、岸には岩場も広がる部分もある砂漠の中の川だった。

砂漠の中の川

上：ヤク　下：鎖陽を掘る

昨年と違うルートを北上している。川を抜けると遠くに岩山をバックにヤクが見えるところに出た。ラクダはよく見るがヤクは今回初めて見た。馮さんはしばらく行っては待っていてくれている。時には鎖陽をスコップで掘り出していた。

しばらくは車の轍の残るルートを歩いていたが、気が付くと車の轍も無くなり完全な砂漠の中を歩いていた。ほとんど休憩を取らずひたすら歩いた。午後はやや東風が強くなり、気が付くと右耳などが砂だらけになっていた。慌ててマスクを着けたが遅かった。

出発してから7時間以上連続で歩き、さすがに疲れたと思った頃、ルートは砂山の山岳地帯のようになっていた。車で進むルートを探すのが大変らしく、馮さんは私に車に乗るようにと言った。車は相当迂回して進むので、はぐれてしまう可能性があり、私が車に乗るというのはここでは賢明な策だった。実際に車に乗ってからしばらく迂回しながら進むと、砂の深みにはまってしまい動けなくなった。スコップでタイヤの周りの砂を掘り、私が

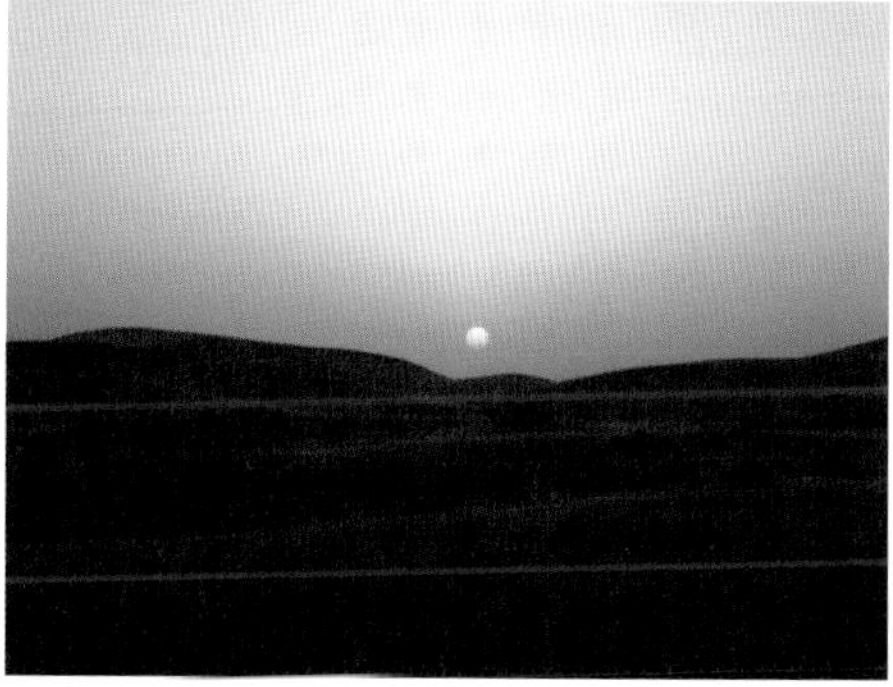

上：深みにはまる　下：夕陽

車を押しながらやっと脱出できた。やはり砂漠ではこのようなことが起きるのだ。互いに離れすぎてしまうことは危険であることがよく分かった。しかし、分かったつもりでいたが、最終日のゴール間近のところでこの危険行為をやってしまい大変なことになった。詳細は後述する。

脱出に成功してからしばらく進み夜7時頃車を停めC1とした。風があるのでテントは張らず車の中で寝ることにした。軽い食事を摂りビールと持参したウイスキーを飲んで陽が沈むのを見届けて寝た。夜8時頃までは明るいのと車中は狭いのですぐに寝付けなかった。

5・1（水）晴れ（午後ほとんど無風）

＊C1（6：50）—4・5h歩いた地点・約16㎞地点（11：30／12：30）—7・5h歩いた地点・26〜30㎞地点（15：30）＊車で進むコースが難しくなり車に乗せられる—C2（17：00）

明け方近くに目が覚めると星空が綺麗だった。新月に近づきつつある欠けた月が東の空にあり、6時20分頃の日の出とともに白くなっていった。日の出も綺麗に見ることができたが、考えてみれば日本で

上：明け方の月　下：令和最初の日の出

は今日から「令和」ということで、どうでもよいことだが令和時代の初日の出をバダインジャラン砂漠で見てしまった。しかし、そんなことより砂漠を歩き続ける1日がまた始まってしまったという現実の方が重要で、簡単な朝食を摂り出発の準備をした。

テントを張ったわけでもないのですぐに準備が整い出発。砂漠でも陽が傾いているときがシャッターチャンスである。朝の風景はなかなか綺麗である。写真を撮りながらガンガン進むが、昨日の反省として今日はしっかりと休憩も取ろうと思った。11時半の休憩ではビールも飲んでエネルギーを注入した。しかし基本は水である。水分補給をしないとダメ。

今日もよく歩いている。午後になると風が止んだ。とても良いコンディションになった。こうなると砂漠も悪くないが日中は暑い。今日はビールを途中で飲んだおかげで力が出たが、やはり一人だとついペースが速くなってしまうためか疲れた。

今日も7時間以上歩いた15時半頃、車に乗せられた。車が進めるルートが分かり難くなったためである。今日も賢明な処置を取った。車に乗ると行ったり来たりしながら進んだが、馮さんが指定する場所をC2とすることにした。今日は風もないのでテントが張れる。足を伸ばして寝ることができるのが嬉しい。

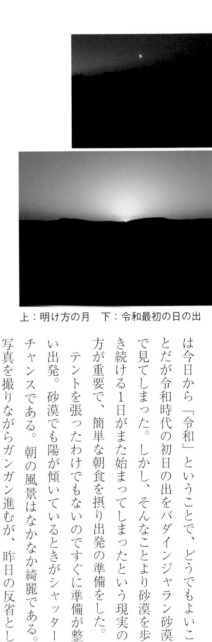

食事の前に馮さんに言われるがまま目前の砂丘に登ると、何と向こう側（東側）に大きな湖が見えた。馮さんが言うにはその湖の対岸が今回の最終ゴールとのこと。明日はそれ程歩かなくても済むなと思うと急に嬉しくなった。

テントを張り、外に置いたテーブルと椅子に座りビールを飲みながら食事。肉の入った麺を作ってくれたが温かいものは美味しい。陽が傾き夕方のとても綺麗な景色が広がった。風が無いのでこの世とは思えないような至福の空間が広がった。人は全くいない。暗くなるまでビール、ウイスキーを飲んで過ごした。

ゴール地点の湖

テントに入り、靴下を脱いだ足を見ると足裏の皮がむけ、左足人差し指の爪が内出血で赤く染まっているのに気付いた。しかし手足を伸ばしてよく眠れた。夜中に外へ出ると昨夜よりも綺麗な満天の星空が見えた。

5・2（木）晴れ

＊C2（6：40）—湖・西岸（8：10／9：00）—湖・東岸（11：00頃）＊待つか進むか判断に迷う—モンゴル人宿泊施設（12：05／16：00）＊C2から歩いた距離は10km弱か—金昌（19：40）

朝起きると、馮さんは「車は迂回していくので大谷は真っ直ぐ湖を目指せ。湖に着いたら左回りで対岸まで進みそこがゴールだ」と言った。準備が終わると朝食も摂らずに出発した。最終日は目的地が近いので楽しみながら歩いた。高いところに出ないと湖が見えなくなってしまうので湖が見えないところでは磁石を頼りに進んだ。

出発から1時間半で湖の放牧場に出た。人はいなかった。放牧場の柵を潜り抜け湖畔に出て周囲を見渡すが見えるのは動物のみで誰もいない。30分ほど待ったが、馮さんが「湖に出たら左回りで対岸に出る」と言っていたので、そのうち来るだろうと思い左回りでゆっくり歩いた。しばらく行くと対岸に車が2台通るのが見えた。馮さんが見せてくれたスマホの画面の地図ではパーキングのようなものがあったと思ったので、対岸からは車道も近くパーキングのようなものもあるのではないかと思い、まずは対岸を目指して歩いた。馮さんがなかなか来ないことについては、おそらく砂漠のどこかでまた立ち往生していて脱出すればすぐに来るだろうと思ったが、対岸に着いて自分が砂漠から辿り着いた方向を見ても姿を現すことはなかった。電話をすればよいのだがスマホのバッテリーが切れていた。オフにしてお

けばよかったと後悔するがどうすることもできない。待つしかないと思いしばらくの間座って様子を見ていたが、一向に現れない。パーキングのようなものも探したが近くには無かった。

馮さんに何かが起きたことは明白だと思った。馮さんも心配だが、色々な場合を想定して自分はどうすればよいか考え始めた。一晩くらいのビバークなら大丈夫だろうが、手持ちの水が少ないのが気になった。できたら誰か人を捕まえて馮さん、旅行会社の鄒さんに電話連絡をして自分の居場所を伝えるしかないと思った。さっきまだ湖の反対側を歩いているときに車が通るのが見えたので、車の轍のある跡を歩いていれば車に出会えるのではないかという期待があった。そう思って歩き始めたその時だった。左足の靴底が前から剥がれだした。今回、長年履いた軽登山靴は見るたびに何となく不安で、この砂漠の旅が終わったら捨てて帰ろうと思っていたが、今スリッパを反対に履いたようになってしまった。よもやこんな時にと思ったが、もはや長い距離は歩けない。

ビバークした場合、手持ちの水が少ないことが不安だった。ここはやはり人に出会う可能性を探して少し湖から離れてでも車の通りそうな道を進むことにした。すると幸運がすぐに訪れた。まず小さな風

ゴール地点の湖

対岸に回り込む

車が見えた。何かと思って目前の砂山を乗り越えてみると、明らかに人の建てた建物があった。よく見ると宿泊施設のようで近づくと幾つも部屋があったので、一部屋ずつドアをノックしてみたが反応はなかった。ただし、犬が飼われていたので必ず人が帰ってくると思った。とにかくここで待つことにした。ガイドの馮さんの携帯の番号の控えが無かったが、馮さんの車の横に電話番号が書かれていたことを思い出し自分の撮った写真から馮さんの車が写っているものを探して馮さんの携帯の番号を紙に書き写した。旅行会社の邹さんの電話番号の控えは持っていた。

こんなことをやっていると、15分ほどでここの施設の人と思われる人がバイクに乗って帰ってきた。助かった！と思った。さすがに「やり残したことがあるので、ここで死ぬわけにはいかない」と歩きながら思っていたが何とかなった。バイクで帰ってきた人はおじいさんで、ここの宿の人らしくすぐに部屋に入れてくれた。私は「助けてほしい。ガイドがいなくなった。」と言い「電話を貸してくれないか」というと「電話を持ってない」とのことだったので、自分の携帯を充電させてもらうことにした。そうこうしている間にこの家の夫婦、子供、おばあさんが車で帰ってきた。さすがにこの家の主人らしき人は携帯を持っていたので、馮さんの携帯に電話をかけてもらった。馮さんへの電話はすぐに通じ、馮さんのバカでかい声が離れていても聞

助けられたモンゴル人の家（宿泊施設）

こえてきた。相当焦っているのだろう。自分のいる場所は伝わったらしく「すぐには迎えに行けないがゆっくり休んで待っていろ」とのことだった。自分の電話も少し充電できたので邹さんに電話をかけて状況を説明し馮さんに電話をするようお願いした。

こうして完全に安心できる状況になったところで、この家の人達（後で確認するとモンゴル人）はとても親切でお湯と食べ物を出してくれた。インスタントラーメンも食べさせてもらった。私は感謝の印に持っている日本製の行動食全てをプレゼントした。食事後はベッドのある部屋に通され寝るように言われたので横になって休んだ。邹さんから以下のような返信がメールで届いていた。「日本人であることを人に話さないように」「日本のパスポートを人に見せないように」が重要メールの内容だが、返信内容を見ると、バダインジャラン砂漠も本来は外国人を入れてはいけないところか、外国人が入るには手続きが厳しいのでやらずに入ったかのどちらかではないかと思えた。新疆ウイグル自治区と比べるとそれ程厳しくないだけなのかもしれないと思ったところで昨年の記憶が蘇った。確か昨年は4WDや徒歩での参加者による大会のようなものをやっていて公安もいたが、その人達に見られないように隠れるように行動していた。昨年はその理由が分からなかっ

上：助けてくれた方々
下：ラーメンをご馳走になる

たが、これで腑に落ちた。そもそも外国人として気軽に砂漠に入ること自体が、リスクと言えばリスクになり得ると考えた方がよいであろう。

寝ていると犬が吠えたので「来た」と思い起きて準備をした。時間は15時50分になっていた。Ｊｅｅｐに伴われ馮さんが来た。一人で砂漠で脱出できなくなり友人の馬さんにＪｅｅｐを運転してきてもらい脱出したという。Ｊｅｅｐには奥さんも乗っていた。Ｊｅｅｐに何とか助けてもらったとのこと。奥さんには「よく一人でここまで来た」と何度も言われた。馮さんも「ここはモンゴル人の家で、ここで待っていたのはよい判断だ」と言っていたが、自分は元々知っていたわけではなく、たまたま運よく見つけることができただけというのが真実だった。全く運が良かった。

馮さん夫婦

モンゴルの人達には馮さんからスイカ等をお礼として渡し、モンゴル人の家を後にした。元々の計画では金昌に15時頃に戻る予定だったが、19時を大幅に遅れて到着。羊肉麺を食べさせてもらいホテルに送ってもらった。

5・3（金）金昌：雨

＊ホテル（5：30）―金昌駅（5：50／6：30）―蘭州駅（10：30／11：52）―蘭州中川空港（12：45／15：10）―上海・浦東空港（17：45）―静安寺ホテル（19：20）

馮さんと奥さんが金昌駅に送ってくれた。奥さんから綺麗な砂漠の石をプレゼントされた。登山靴を捨てて軽くなったと思ったが重くなった。蘭州駅から空港までは鉄道を使った（20元）。

上海では静安寺のホテルに泊まったが、そのホテルに高木という名前の日本料理屋があり、久しぶりに生ビールを飲んだ。その昔、駐在員時代に住んでいた青浦に高木という名前の日本料理屋があったが、聞いてみるとその高木だった。相変わらず料理は美味しくなかったが、懐かしかった。

（4）おわりに

どうやらバダインジャラン砂漠も本当は外国人が入ってはいけないか、或いはその手続きが面倒なので無手続きで入ってしまったかのどちらかではないかと思う。そう考えると昨年のことも腑に落ちる。昨年は、大会のようなものをやっていて公安もいたが、我々はそのエリアを避けて隠れるように行動していた。今回のモンゴル人の家に避難した時の「人と話をするな」「外国人であることを言ってはいけない」「パスポートを見せるな」という指示はその裏付けであると言える。

しかし、初めてバダインジャラン砂漠を訪れたとき（２０１４年）はフランス人に会った。原則外国人は禁止だが緩いということか。或いはその後に外国人禁止になったのか。

いずれにせよ、今回外国人であることを隠せと言われたことは本当である。しかし外国人であることがばれるよりも、今回はここから本当に脱出できるかどうかという身の危険すら感じた。実は砂漠ツアーは危険なのだと思う。バダインジャラン砂漠も今回で3回目で、湖が集中する核心部以外は本当に人がいないということもよく分かった。砂漠は風が吹かなければ良いが、特に単独で歩くときはリスク管理を十分に行うべきであることを再認識させられた。とにかく無事帰国できたことを喜びたい。

Ⅲ．モンゴル・南ゴビ（2019年8月10日～8月17日）

―やはりモンゴルにあった岩絵―

（1）はじめに

昨年、今年とバダインジャラン砂漠を再訪した。北方を眺めるとその先はモンゴル・ゴビ砂漠である。そして、いよいよゴビ砂漠を訪れるときがきた。モンゴル国自体が初めてで、モンゴルという国がどんなところなのかという観点での旅にもなった。

特に今回は、中国・内モンゴル自治区のバダインジャラン砂漠を訪れた際にその東部で見た岩絵と同じものが見られるというのでそれも楽しみに訪れたが、それは期待を裏切らないものであった。

ゴビ砂漠はほとんどがステップと言ってよいであろう。草原の中の道路標識一つない砂利道を行く。ドライバーはよく道を間違えないと思うが、遊牧民の彼らには道路標識など必要ないのかもしれない。

ホンゴル砂丘というところは、さらさらした砂が溜まったようなところで長さは東西に150㎞程あるが幅が約5㎞と狭い（登った辺りから見るともっと狭く見えた）。約200ｍ程の登りは確かに登ってみると蟻地獄状態になるほどの傾斜だったが（高低差最大300ｍのところがあるらしい）、砂丘に登り尾根に出るとあまりにも砂丘の部分が狭くややがっかりした。

南ゴビからの帰りは飛行機のチケットが取れなかったため自動車でウランバートルへ戻る途中で中央ゴビを見ることもできた。南ゴビも中央ゴビも地平線が広がる世界だった。

ウランバートル付近はただの観光だったが、モンゴルを理解する上では有効だった。今回は南ゴビ中心にウランバートル周辺の見聞まで報告したい。

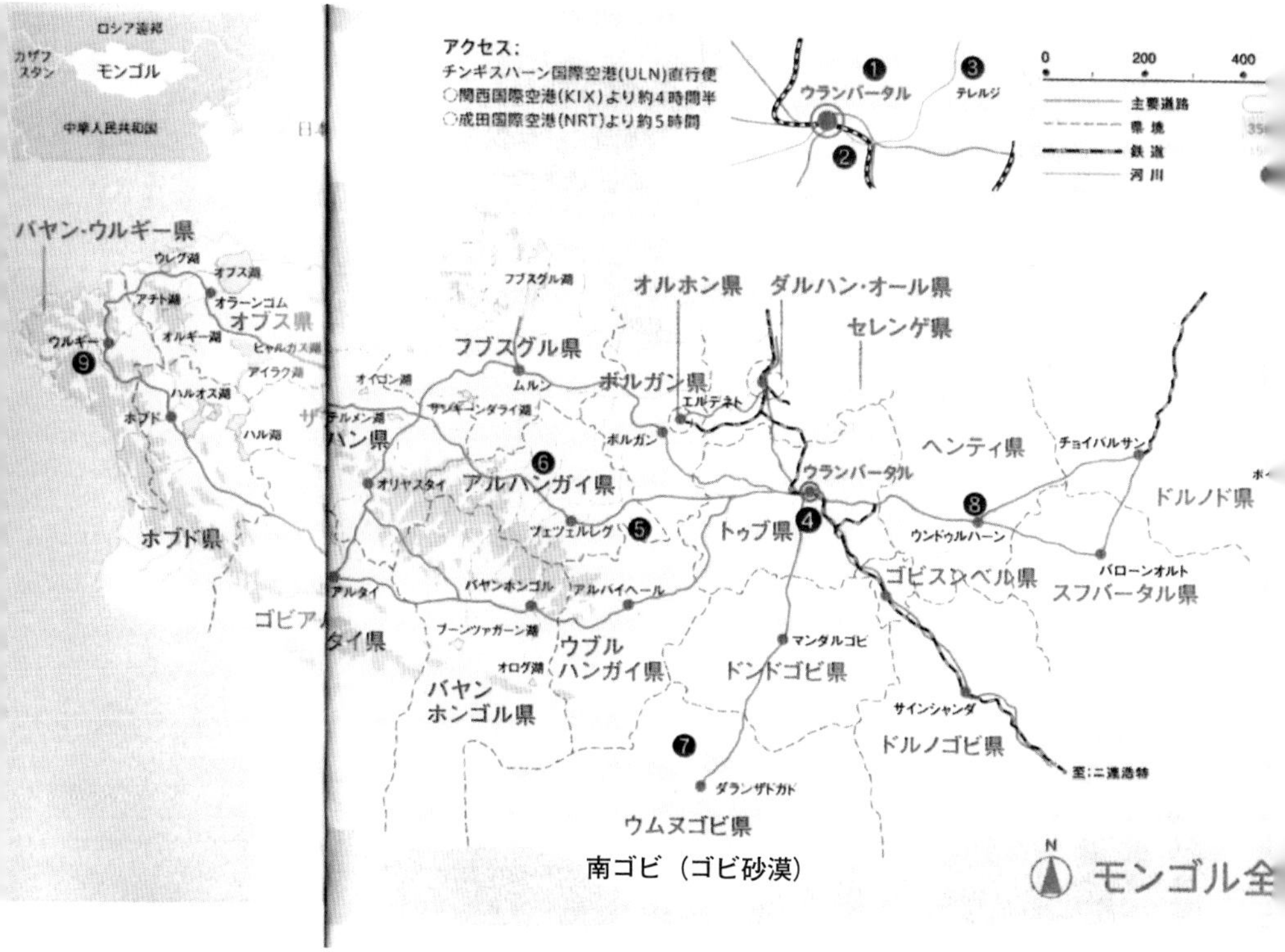

モンゴル全国図（地図以南がバダインジャラン砂漠）

(2) メンバー

リーダー：大谷和男（深谷山岳会）
メンバー：天野賢一（遠峰山岳会）
内海正人（元浦和渓稜山岳会）
中田裕之（深谷山岳会）

（3）行程

	行程	宿泊地
8／10（土）	成田（15：40）OM502便—ウランバートル（19：40）—ホテル（20：40／21：10）—食事（21：20／22：45）—ホテル（23：00）	ウランバートル・NOVOTEL
11（日）	ウランバートル（4：30）↓空港（5：00／6：20）南ゴビ・ダランザドガド（7：50／8：20）↓ヨリーン・アム（鷲の谷）ハイキング（9：45／12：50）—ツーリストキャンプ・昼食（13：45／15：20）—グルバン・サイハン山（ハブツガイト岩絵）（16：20／18：20）—ツーリストキャンプ（19：10）	ツーリストキャンプ・ミラージュ（ゲル）
12（月）	ツーリストキャンプ（8：30）↓ボルガン・給油（9：50）—ホンゴル砂丘が見える峠—ツーリストキャンプ（12：50／15：30）—ホンゴル砂丘探検（15：45／18：30）—ツーリストキャンプ（18：45）	ツーリストキャンプ・ブレン（ゲル）
13（火）	ツーリストキャンプ（8：50）—峠越え途中パンク（9：30／10：20）—ボルガン・農園見学（12：10／13：05）—バヤンザク・恐竜の卵化石発見地ツーリストキャンプ・昼食（13：30／14：30）	

	—恐竜の卵化石発見地（15：00／16：40）—ツーリストキャンプ（17：45）	ツーリストキャンプ・ミラージュ（ゲル）
14（水）	ツーリストキャンプ（7：50）—ダズンダタス（9：00／9：15）—ツォクト・オワー・給油（10：50／11：00）—ツーリストキャンプ・昼食（12：10／15：30）—南ゴビ：ツァガーン・スルヴァガ（ホワイトストゥーパ〈白い仏塔〉）（15：40／17：20）—ツーリストキャンプ（17：30）	ツーリストキャンプ・サガーン・スバルガ（ゲル）
15（木）	ツーリストキャンプ（7：50）—マンダルゴビ（10：40／12：45）—ウランバートル近郊テレルジ方面分岐点・車とドライバーチェンジ（16：30／16：35）—チンギス・ハーン像（17：40／18：40）—テレルジキャンプ（19：20）	テレルジキャンプ
16（金）	テレルジキャンプ（8：20）—カメ岩（8：40／9：20）—アリアバル寺（9：30／11：00）—モンゴル人ゲル・馬乳酒製造見学（12：10／12：30）—ウランバートル市内ランチ（13：45／14：35）—恐竜博物館（15：05／15：55）—民族歴史博物館（16：00／17：30）—モンゴル民族歌舞踊観賞（18：00／19：20）—シャングリラホテル夕食（19：40／20：45）—買い物—ホテル（22：10）	ウランバートル・NOVOTEL

17（土）	ホテル（5：30）ーウランバートル空港（6：00／7：45）ＯＭ５０1便ー成田（13：10）	

（参考：旅行社の説明文より）

ウランバートルから飛び立ったら、緑の草原から褐色のゴビの大地へと劇的に変化していく。モンゴルのゴビ砂漠は世界第４位の広さ。中でもホンゴル砂丘は最大規模の砂丘で（東西約１５０㎞　南北約５㎞）、その規模もさることながら、遊牧民の生活する草原の向こうに大砂丘が広がる、その不思議な景色が他の国々の砂丘と異なるモンゴルでしか見られない魅力。

（４）行動の記録　時差：１時間

２０１９・８・10（土）　ウランバートル：晴れ

＊成田（15：40）ＯＭ５０２便ーウランバートル（19：40）ーホテル（20：40／21：10）ー食事（21：20／22：45）ーホテル（23：00）

昨年の５月、中国・内モンゴル自治区バダインジャラン砂漠で、ガイドにモンゴル国境まで車で３日、徒歩で17日かかることを聞き、モンゴルを意識した。そして今年の５月に再度訪れたバダインジャラン砂漠を歩いた最終日のゴール地点でガイドと逸れ途方に暮れて歩いているとき辿り着いたのがモンゴル

南ゴビの青い空（標高1500～1600m）

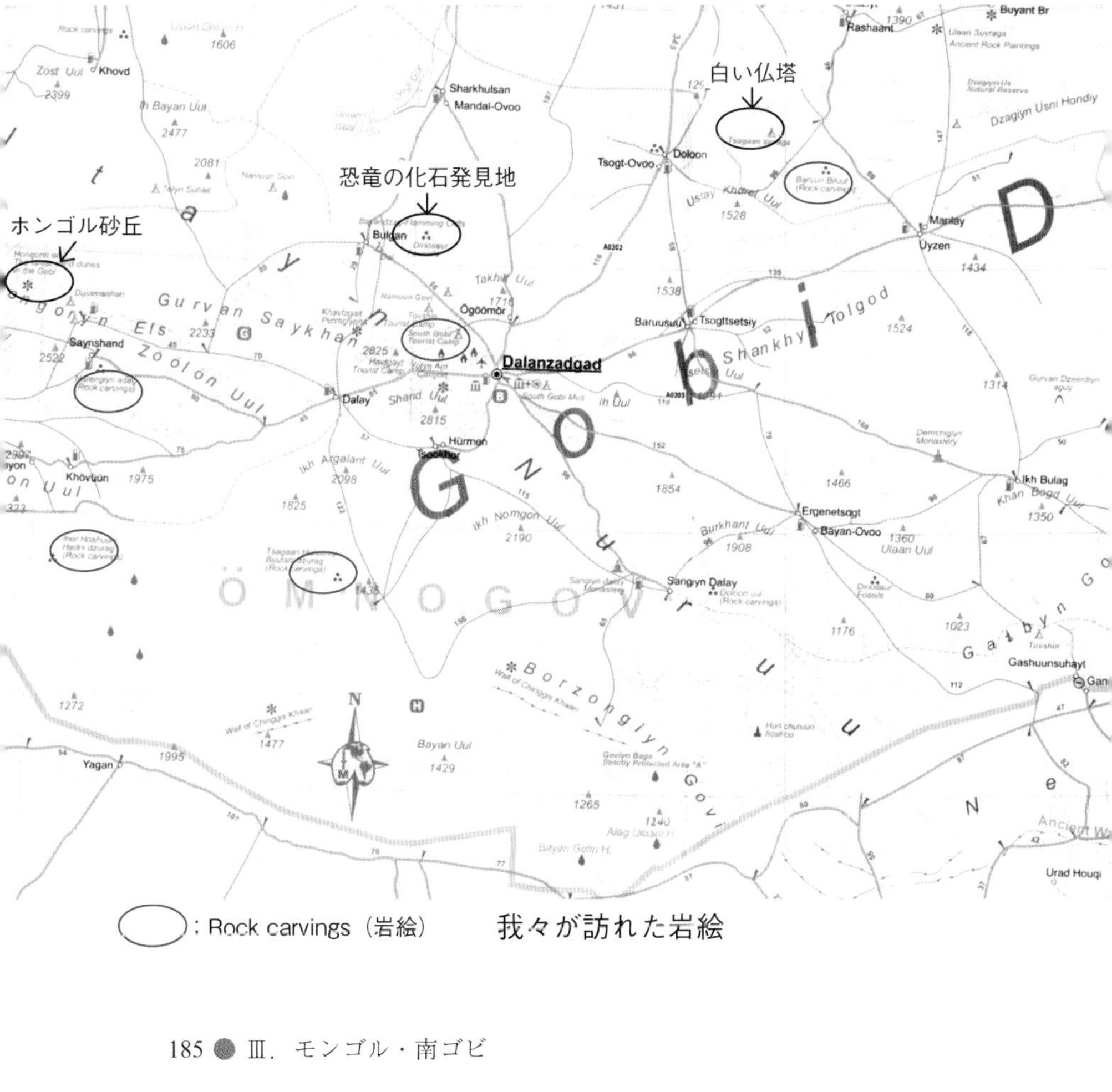

◯：Rock carvings（岩絵）　我々が訪れた岩絵

人経営の宿でモンゴル人に救われた。そのモンゴルにいよいよ行く日が来た。

今回のメンバーは山岳会仲間の4人。成田空港第一ターミナルのMIAT（モンゴル）航空のチェックインカウンターで落ち合い出発の途に就いた。

ウランバートル・チンギスハーン空港に着くと迎えのエルデンさんと合流し外へ出る。ウランバートルの最初の印象は、どうも排気ガス臭いというか空気がよくない感じがした。よほど車が多いのかと思ったがその通りでホテルまで16㎞の道は渋滞していて1時間かかった。エルデンさんは英語でガイドしてくれた。途中、車窓から見える日馬富士が作った学校や白鵬が経営しているというトヨタのディーラーなどを案内してくれた。モンゴルではトヨタ車が多く（約半分）、プリウスも走っている。

街には中国でも有名な味千ラーメンもありしばらくすると社会主義の匂いのするチンギス・ハーン像の立つ広場が見えるとホテルに着いた。ホテルにチェックイン後近くで夕食。とても綺麗なレストランでシャブシャブのようなものを食べた。旨かった。5000円分両替した（5000円：16000Tg）。エルデンさんの話では第二母語がロシア語ということなので、モンゴル語の挨拶言葉を覚えるのは諦めロシア語でいくことにした。

8・11（日）南ゴビ：晴れ

＊ウランバートル（4：30）↓空港（5：00／6：20）南ゴビ・ダランザドガド（7：50／8：20）↓ヨリーン・アム（鷲の谷）ハイキング（9：45／12：50）―ツーリストキャンプ・ミラージュ：昼食（13：45／15：20）―グルバン・サイハン山（ハブツガイト岩絵）（16：20／18：20）―ツーリストキャンプ・ミ

ラージュ（19：10）

朝4時にモーニングコールを頼んでおいたが10分前に起床。準備をして4：30にホテルを出発。この時間は渋滞もなく30分で空港に到着。エルデンさんは着くとすぐにチェックインしろという。朝食パックに付いていた水は没収されたが、ジュースはその場で飲んだ。国内線なのになぜこんなに早く行く必要があるのかよく分からなかったが何かあるのであろう。言われるがまま進めた。

とても小さいプロペラ機で時間通りに出発。約1・5時間で、何もないところにある恐ろしく小さな空港に到着。滑走路が舗装されているのが不思議な感じさえする。小さな空港はロシア風の感じを受ける。そのロシア風の空港建物ではガイドのドゥーギーさんが待っていた。ドゥーギーさんは27歳の女性で明るい陽気な人。話しやすい人でこの旅を通じて助けられた。会話は時々ロシア語を交えた英語で行った。挨拶ぐらいモンゴル語でと思ったが習得できなかった。しかし、ドゥーギーさんが「ウルツィさんがモンゴル語でのこんにちは（ガイドブックではサインバイノー）はセンベイナと言えばよいと言っていた」という面白い話はしっかりと頭に残り、それだけは言えるようになった。やはり言葉は本に出ているカタカナ発音を覚えようとしてもダメだと思う。

荷物を隣の小屋で受け取るとデリカに積み込み出発。まずスーパーマーケッ

ナキウサギ

木の化石

トで買い物。ビール2本とウォトカを買った。これから先は買い物できる場所はないだろう。

まずヨリーン・アム（鷲の谷）というところへ行く。ここは湧水を水源とする沢で2時間程度歩いたが気持ちの良いところだった。動植物が豊富で綺麗なところだったが、ナキウサギを見ることができたのには驚いた。北海道大雪山のヒサゴ沼でよく見たが、ここのナキウサギはやや大きいような気がする。ピィーという声も聞けたし太っているナキウサギを見ることができた。

すぐ近くの博物館にも寄ったが、ヨリーン・アムは、冬は氷が1～1・5m堆積するとドゥーギーさんが言っていたがその写真が展示されていた。鷲の谷と呼ばれているこの谷では、ドゥーギーさんの話ではカザフで見られるような鷲もいるとのことで、博物館の入り口にはまず大きな鷲のはく製が飾ってあったが、木の化石が印象深かった。中国の新疆ウイグル自治区のグルバトングータ砂漠に行ったときに吉木萨尔县五彩湾古海温泉で見た化石となった立ち枯れの木と同じような感じで、この辺りの成り立ちを示すものだった。新疆ウイグル自治区との共通点もありそうな気がした。

博物館を出ると本日の宿泊地のツーリストキャンプに向かい、冷たいビールを飲みながら昼食を摂った。冷たいビールが飲めるのはとても良い。以後毎日こんな感じで昼も冷たいビールを飲んだ。ドゥーギーさんは、昼もビールをお願いすることを覚えてくれたので、私は「あなたのような優秀なガイドが一緒でとても嬉しい」と言って煽てた。両替した５０００円分の１６０００Ｔｇは、結局全てビールで使い切った。

〈岩絵〉

休憩後、いよいよ大谷が最も見たかったものの一つの岩絵を見に行った。ツーリストキャンプから車で約1時間、小さな山の登り口に着く。何という山か分からなかったが、ネット情報では間違っているかもしれないが、グルバン・サイハン山（ハブツガイト岩絵）というところらしい。30分程度で登れる山だが、中腹から動物が描かれた岩絵が出てくる。これはバダインジャラン砂漠の東側の小さな山に見

岩絵の山（グルバン・サイハン山）

王様と家来？　動物が描かれた岩絵

たものと全く同じだった。やはりバダインジャラン砂漠の東側で見た岩絵はモンゴル人が描いたものであることは間違いないらしい。動物を描いたものばかりだが、山頂付近には人を描いたものも出てきた。王様が居て家来が従っているような構図の絵、弓矢で人が動物を撃とうとしている絵が出てきた。バダインジャラン砂漠では見られないパターンの絵である。戦争の絵はないかと思い、人が人を撃とうとしている絵を探したがそれはさすがに無かった。

地図を見るとRock carvingと書かれている場所が4ヶ所あるがそれを北から繋げていくとその流れの方向はバダインジャラン砂漠の方向だった。おそらくこの流れでモンゴル人が移動して行きながら残したものではないかと思われた。この場所は地図には載ってないようなので、同じ様なもの

▼王様と家来？

▼乗り物

▲人間を描いたものも多い

▲狩り

は沢山あるのではないかと思う。しかし一体何のためにこの様なものを残したのか？　ネット情報（http://ub-style.jp/news/写真で見るモンゴル―はるか昔の岩絵から歴史を学ぶ旅）では、「こうした岩絵はモンゴル各地で数多く発見されています。こうした岩絵から、独特の歴史のルーツを学ぶことが出来そうなのがいいですね。さて、モンゴル各地で発見される岩絵とはどういうものなのか。それは紀元前5000～9000年ごろにモンゴル領土で生活していた狩猟民の手によって描かれた岩面刻画で、モンゴル独特な特徴やユニークさが垣間見れます。岩面には、馬やラクダ、野生ヤギ、キツネ、狩をしている狩猟人といった絵が描かれているのがほとんどです」とあるが、何のために書かれたかは不明である。モンゴルでは岩絵は数多く残っていて年代も幅広いようである。中国のバダインジャラン砂漠東部の岩絵では「数千年前の岩画」との説明書きがあった。ドゥーギーさんも2500～3000年前のものと言っていたので、おそらく今回見たものも同年代のものではないかと思うがそれを確

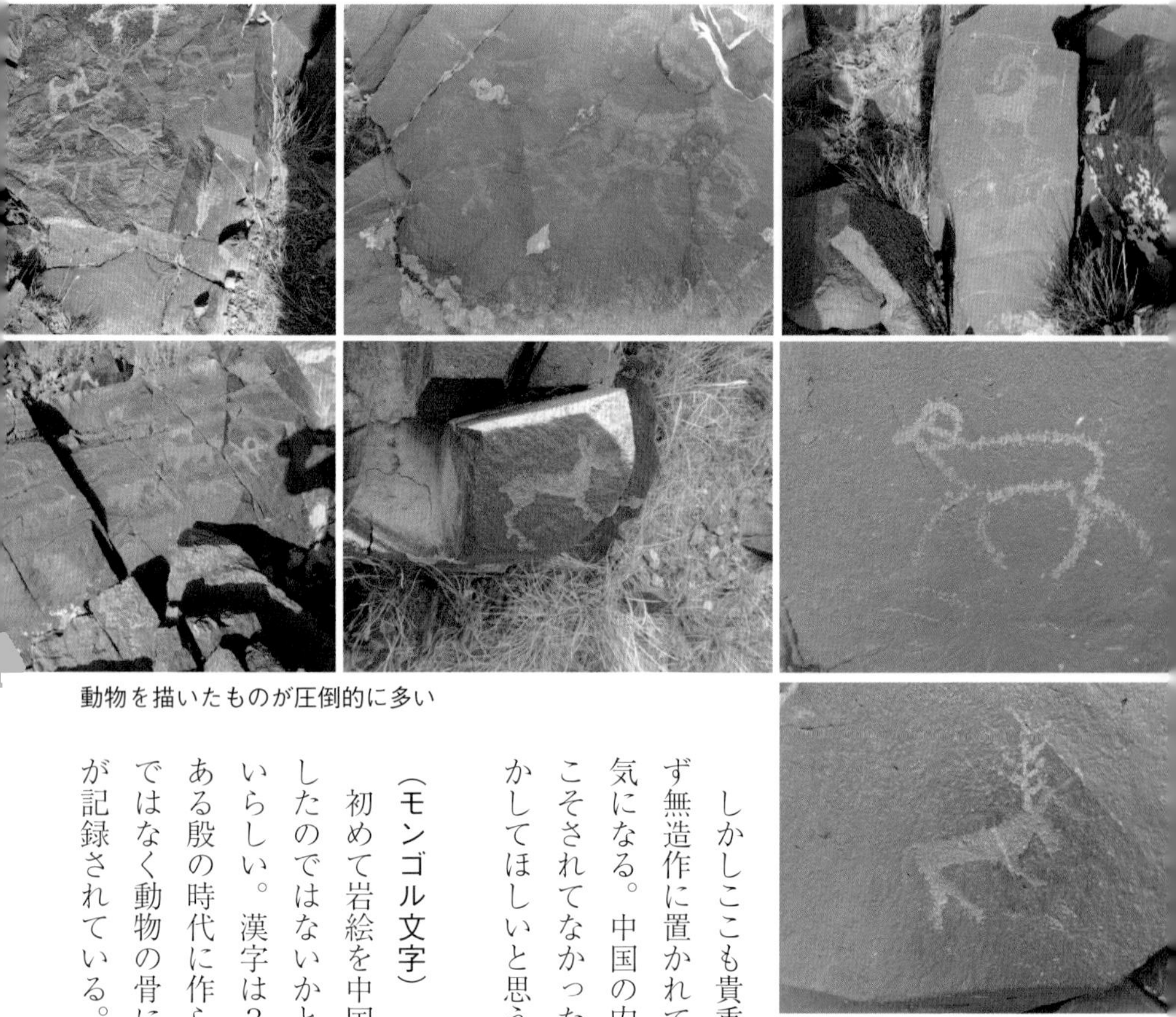

動物を描いたものが圧倒的に多い

かめたわけではない。誰か研究しているると思うがそれも分からない。ネットで少し見た限りでは写真家は出てくるが研究者は見つからなかった。

しかしここも貴重なものが十分に保護管理されておらず無造作に置かれているだけで、時々落書きがあるのが気になる。中国の内モンゴル自治区で見たものも落書きこそされてなかったが十分に保護管理されてない。何とかしてほしいと思うばかりである。

（モンゴル文字）

初めて岩絵を中国で見たとき、これが象形文字へ発展したのではないかと思ったがどうもそのようなことはないらしい。漢字は３０００年前以上の中国最古の王朝である殷の時代に作られた甲骨文字がその起源である。岩ではなく動物の骨に刻まれたもので殷時代の祭祀儀礼等が記録されている。

モンゴル文字はというと、モンゴルは元来文字を持たなかった。１２０４年にチンギス・ハーンがナイマン王国を攻略したとき、捕虜となったナイマンの宰相でウイグル人であったタタ・トゥンガ（塔塔統阿）という人物がチンギスの詰問に答えて国璽と文字の効用を説いたことにより、モンゴルでも国事の遂行に印璽を使用するようになり、モンゴル人の子弟にウイグル文字を習わせたとされている。その後もウイグル文字を使用することで進んだらしいが（ウイグル式モンゴル文字）、子音や母音の文字の整備が進み現代モンゴル文字の２種類に大別されるようになったらしい。なお、元朝時代に「蒙古字」ないし「蒙古新字」と称されていたのは、チベット文字を基にチベット人僧侶パクパ（パスパ）がつくったパスパ文字である。清では満洲文字、漢文と共に三体と呼ばれ、三体は公用文字として公文書には必ず用いられたらしい。

因みに近代になるとソビエト連邦の影響下に組み込まれたモンゴル人民共和国ではキリル文字による

最も象徴的な岩絵で記念撮影

表記が一般化したが、新生モンゴル国が発足した頃からモンゴル文字の使用が見直され、一時はキリル文字表記からモンゴル文字表記への全面的な切り替えが計画され小中学校での教育が始まったが、一般国民の間では歴史と伝統・文化の象徴と見なされてはいるものの、「モンゴル文字」＝「話しことばとは無関係の文語」というイメージが定着してしまっており、また横書きができないという弱点を抱えていることもあって、いまだ完全な移行にいたっていないという。第二母語がロシア語ということもありキリル文字標記は無くなることはない感じがする。

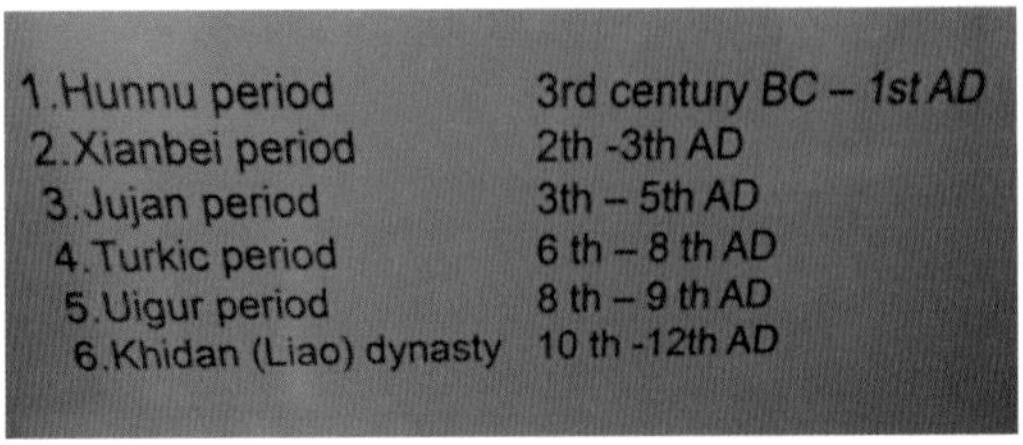

1. Hunnu period	3rd century BC – 1st AD
2. Xianbei period	2th -3th AD
3. Jujan period	3th – 5th AD
4. Turkic period	6 th – 8 th AD
5. Uigur period	8 th – 9 th AD
6. Khidan (Liao) dynasty	10 th -12th AD

博物館で見た民族の変遷

話を岩絵に戻す。ウイグル文字はアラビア文字が起源だし、チベット文字はインド系の表音文字で、漢字は殷の甲骨文字が起源である。どう見ても岩絵はモンゴル文字を始めとする文字に結びつかない。どうやら岩絵が文字へ発展したのではというのは考えすぎのようである。

（匈奴または匈奴の祖先が残したものなのか？）

ではなぜ古代モンゴル人はこの様な絵を数多く残したのであろうか？　最終日に訪れた博物館ではフン族が最初の民族であるというパネルがあり、フン族と匈奴は同一であるということは証明されてないらしいが、ここで匈奴の可能性を考えてみたい。匈奴は紀元前4世紀頃から5世紀にかけて中央ユーラシアに存在した遊牧民族で、紀元前２０９年～93年まで遊牧国家を築いている。紀元前２１５年、秦の始皇帝は将軍の蒙恬に匈奴を討伐させ、河南の地（オルドス地方）を占領して匈奴を駆逐するとともに、長城を修築して北方騎馬民族の侵入を防いだ。どうも匈奴か匈奴の祖先が描いた岩絵を見ているのではないかと考えたが、匈奴であれば動物の狩りばかりでなく戦争のシーンがあってもよいのではないかと思った。中央ゴビにある岩絵の写真を見ると弓矢で狙っている先がよく分からないものがあるが、動物の狩りは描いていても人間同士の戦争を描いたものはない。元々匈奴の祖先は平和な人達だったのであろうか。たとえそうだとしても、なぜ小さな山とはいえ全体に絵を残したのであろうか？　何か存在感を誰かに示したかったのではないかという気がするが、謎は深まるばかりである。

ツーリストキャンプに戻る。夕食後は大野さんと内海さんのゲルに行ってウイスキーを飲んだが、皆岩絵には驚いた様子で話題にしばしば上がった。天野さんと内海さんのゲルではベッドが一つ余っていたのでそのベッドを借りて寝た。

8・12（月）　南ゴビ：晴れ

＊ツーリストキャンプ・ミラージュ（8：30）↓ボルガン・給油（9：50）―ホンゴル砂丘が見える峠―ツーリストキャンプ・ブレン（12：50／15：30）―ホンゴル砂丘探検（15：45／18：30）―ツーリストキャンプ・ブレン（18：45）

今日は南ゴビ内だが移動時間が長い。南ゴビでは、地平線や山が遠くに見えるステップの草原の中の道路標識一つ無い砂利道を行く。勿論信号等もない。道は場所によっては幾筋もありたまに車とすれ違

上：ゲルキャンプ
中：スーパーマーケット

上：民族衣装の少女が見送り
中：道路標識一つない道路
下：ホンゴル砂丘を望む

うと埃がすごい。よく道を間違えずに進めるものだと思うが、元々遊牧民である彼らは標識等は必要ないのかもしれない等と考えてしまう。明らかに中国とも異なる世界である。

道は大雨が降った時にできたと思われる川の跡に出くわすと段差があるためスピードを緩めるが、それ以外は飛ばす。車もたまったものではないだろう。実際明日の話になるが峠越えでパンクした。

途中ボルガンという町で給油した。近くにはスーパーもあり中に入ると何でも売っている。また湧水を溜めた池があり農園で野菜を作っているが、ここには明日寄ることになる。今日は先を急ぐ。

ここからは針路を南に取りホンゴル砂丘を目指し小さな山脈の峠越えのルートに入る。峠の頂上に着くと遠いが前方に横に広がるホンゴル砂丘が見えた。ドゥーギーさんの解説では長さ180km、幅5km、高さ200mとか言っているが、細長い砂山のように見える。ステップの緑の中に砂が溜まった細長い丘という感じか。とにかく行ってみよう。

車は峠を下りホンゴル砂丘に向かってステップの中を走る。本日宿泊予定のツーリストキャンプ・ブレンに到着。まず昼食となるが大谷は暑いのでついビールを飲みすぎてしまう。

〈ホンゴル砂丘〉

15：30にホンゴル砂丘を目指して出発。天野さんと中田さんはラクダに乗る予定。大谷と内海さんはラクダに乗らない予定でラクダが乗れる地点へ行くが最初の場所は砂丘からも遠くラクダも居なかったので別の場所へ移動する。次の場所は砂丘の高い部分に近く歩いてもすぐに砂丘に入れるのでよかった。ラクダ組はどこまでラクダで行くのか知らないが、大谷、内海の徒歩組は砂丘を目指し先に歩き出した。この位置は砂丘の最高峰に近いところで近づいてきた砂丘はかなり急斜面だった。ラクダ組はなかなか来ないので、大谷、内海は標高差200m程度の急

ラクダ隊

▲山の向こうはバダインジャラン砂漠

斜面を登り始めた。内海さんはタクラマカン砂漠に行ったが本格的に砂漠は歩いてなかったので蟻地獄のような砂漠の登りは初めてだった。初めワカンが使えないか試してみたかったとか言っていたが、ストックを持ってなかったのでストックの有用性は痛感したようだった。雪山だったらやや怖くなるような傾斜の砂の斜面を息を切らして登り尾根の上に出ると反対側が初めて見え、細長い砂丘の全体像も見えた。初めて見えた反対側（南のバダインジャラン砂漠側）は、砂丘はすぐに終わり草原の向こうには小さな山脈が連なっていた。磁石を出して方角を確認したがバダインジャラン砂漠はその山脈の向こう側で見ることはできなかった。正直「何だ、こんなものか」と思った。バダインジャラン砂漠の北端はどうなっているのかという課題を果たすことはできなかったが、モンゴル

▲下山

のゴビ砂漠はステップで地平線が３６０度見えるという感じの世界ということは分かった。

バダインジャラン砂漠の方角をじっくり眺めていると天野さん、中田さん、ドゥーギーさんも尾根伝いに歩いて来て合流した。ドゥーギーさんは大変そうだったがガイド魂で登ってきたという感じだった。結局ラクダ組もラクダでは砂丘には全く入らずということで僅かな距離を乗っただけだったらしいが、天野さんの話では短い距離だったが尻が痛くなったとのこと。その話を聞くと乗らなくてよかったとひそかに思った。確かにラクダでも馬でもそうだが動物に乗るのは意外に疲れると思う。

皆合流して尾根上でしばらく景色を楽しんだが風が出てきた。砂まみれになる前に降りることにした。もし雪山だったらためらうような急斜面を真っ直ぐ下る。

月見

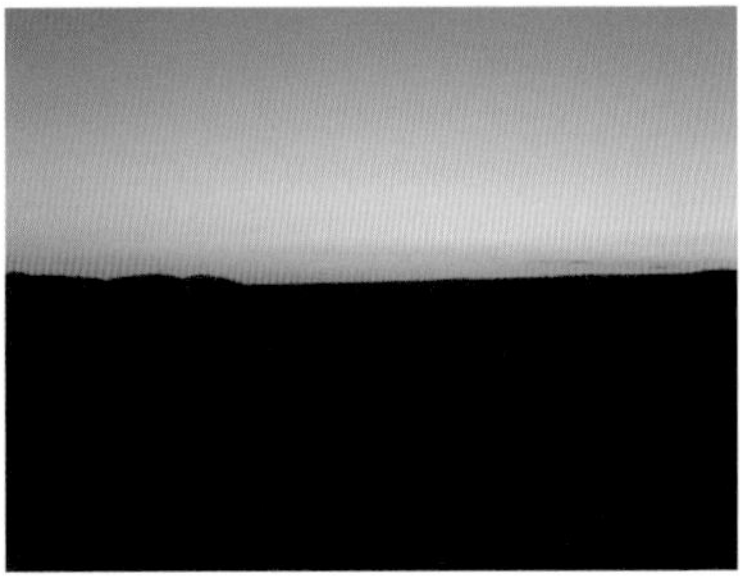
日の入り

ゲルキャンプでは天野さん、内海さんのゲルで夜遅くまでウイスキーを飲んだ。今日も月と星が綺麗な夜だった。どうやら大谷にとっての主目的はほぼ終了ということを実感する夜を過ごした。

8・13（火）　南ゴビ：晴れ

＊ツーリストキャンプ・ブレン（8：50）―峠越え途中パンク（9：30／10：20）―ボルガン・農園見学（12：10／13：05）―バヤンザク・恐竜の卵化石発見地ツーリストキャンプ・昼食（13：30／14：30）―恐竜の卵化石発見地（15：00／16：40）―ツーリストキャンプ・ミラージュ（17：45）

今日も天気が良い。防寒対策の服は全く使用しない暑い日が続く中、ホンゴル砂丘を後にする。道はよくないが車はガンガン進む。それは来た道を戻り峠を越えてしばらく進んだときだった。ただ乗っていた人間はよく分からなかったが、ドライバーが突然車を止めた。前輪の左のタイヤのパンクだという。

上：ゲルキャンプよりホンゴル砂丘を望む
下：パンクのため休憩

峠を下る途中だがスペアタイヤ交換の時間ということで突然散策の時間ができたので、辺りを散策する。それぞれ適当なところを歩く。大谷は天野さんとドゥーギーさんと適当な尾根の途中まで行き、尾根の下に雨の時に水が流れたような跡を見て

中：農園　下：雨水が流れた跡

満足していたが、内海さんはその尾根をどんどん登って行き、ついにその尾根の頂上らしきところまで行き着いたらしくこちらを向いて手を振った。もう少し高いところならもっと眺望も開けたであろうが、少し下に下がり過ぎた場所だった。しかし何でもないところでも見られてよかったと思った。皆それぞれ50分間ほど適当に過ごしたがパンク対応も終わったので車に戻り出発した。

昨日給油した地点には湧水を溜めた池があり農園がある。立ち寄るとキャベツ、スイカ、胡瓜、トマト等が生っていて南ゴビの野菜類をすべて賄っているかのようだった。スイカとトマトを試食させてもらったがなかなか美味しかった。

恐竜の化石発見地へ向かう。特に恐竜の卵の化石が発見された場所ということで一度訪ねてみるのも悪くない。卵はプロトケラトプスというやつのもので頭に大きな角とヒダを持つトリケラトプスの先祖とのこと。最終日に博物館で見ることになるが何種類もの恐竜がいたらしい。ガイドブックにはイグアノドン、サウロロフス、パキケファロサウルス、プシッタコサウルス、タルボサウルス等の記載がある。モンゴルは海からとても遠いが、この辺りは元々海だったとのことでチベットと似ているらしい。今はただ地平線が広がる平原である。

　まず近くのツーリストキャンプで昼食である。ドゥーギーさんは賢い人ですぐにビールを頼んでくれる。説明もよくしてくれるが、やはりビールが飲みたいという意向をすぐに汲んでくれるところが嬉しかった。特にこのツーリストキャンプはとても涼しい風が入り、瓶ビールだったがビールがとてもよく冷えていて至福の時を過ごすことができた。恐竜等どうでもよいので、ここでただビールを飲んで過ごしたくなったがそういう訳にもいかず、昼食後恐竜の発見当時のアメリカ隊のビデオを別のゲルの中で見て歩いて少し先の恐竜の発見地に向かった。なぜアメリカ隊がいきなり出てくるのか理由はよく分からなかった。

上：ゴールデンゴビではないが、旨かったビール
下：恐竜の化石発見地に向かう

　恐竜の化石発見地は崩れかけてい

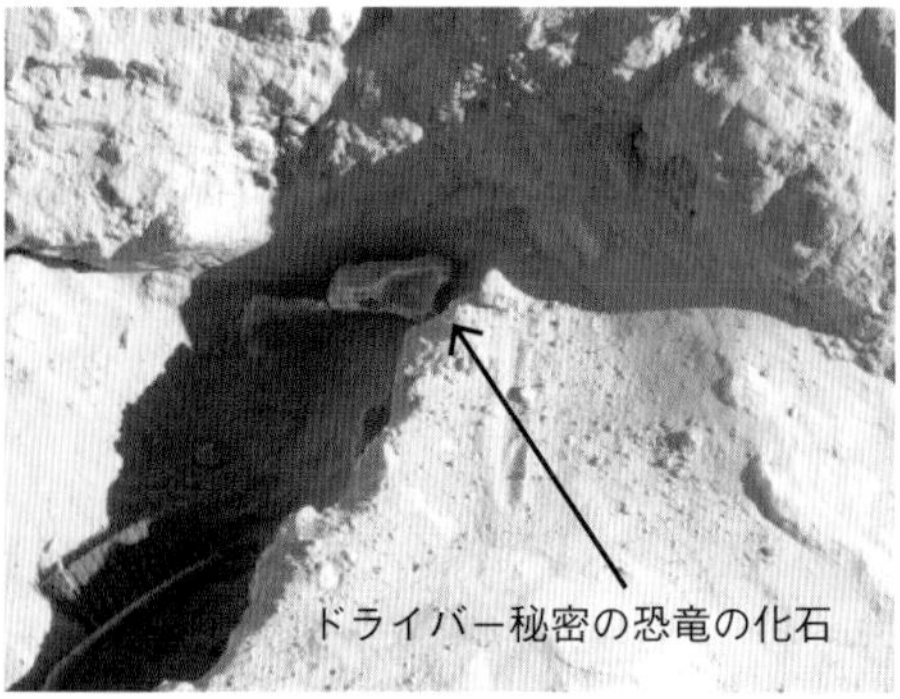

恐竜の化石発見地

る丘のようなところで、恐竜の卵の化石も崩れた部分から発見されたとのことだが、発見された場所の表示はどこにも無くただ複雑な地形の崖の上を歩いているという感じだった。観光客は多く騒がしい人のグループもいたが、あえて近づかないようにした。この丘から見える風景は360度地平線（奥に山岳地帯が見えるところもある）といった感じで、ここが海だったということを想像すると今立っているこの丘は島だったということになるであろう。

どこで恐竜の化石が発見されたかは分からなかったが、帰りにドライ

上：日の入り　下：月見

バーがとっておきの場所に連れて行ってくれた。恐竜の化石発見地の丘の駐車場の反対側の崖の下でスコップと刷毛を使って恐竜の化石らしきもの（顎の部分か？）を掘り出して見せてくれた。確かにこの丘を訪れた観光客は結局どこで恐竜の化石が出たのか分からないので、観光客にこんなサービスもやっているのかとも思った。この辺りにはまだ恐竜の化石が埋まっているということなのか。

ツーリストキャンプ（ミラージュ）に戻ると夜は月が綺麗で（13日夜）、外で遅くまでウイスキーを飲みながら月見を楽しんだ。ドゥーギーさんも来たので日本の柿の種（山葵味）を出すと喜んで食べていた。

8・14（水）　南ゴビ：晴れ

＊ツーリストキャンプ・ミラージュ（7：50）―南ゴビ：ダズンダタス（9：00／9：15）―中央ゴビ：ツォクト・オワー・給油（10：50／11：00）―ツーリストキャンプ・昼食（12：10／15：30）―ツァガーン・スルヴァガ（ホワイトストゥーパ（白い仏塔））（15：40／17：20）―ツーリストキャンプ（17：30）

今日も標識一つ無い砂利道をひたすら進む。ダズンダタスは南ゴビの中心地というだけありやや都会。

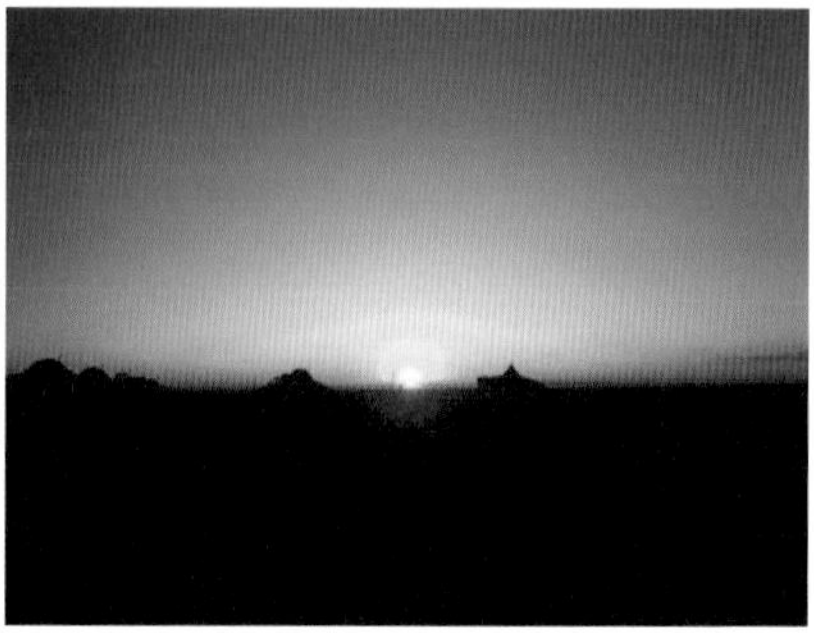
日の出

マンションもある。意外に高く8~9万円／Mらしい。キリル文字でノウミンと書かれているスーパーで買い物をして出発。ノウミンはモンゴル国内どこでもあるスーパーチェーン店らしい。

舗装道路を順調に進み中央ゴビに入ったところ（ツォクト・オワー）で給油。トイレがあったが恐ろしいので外で済ます。ここからはまた内陸に入り砂利道を進む。昨日の恐竜の化石発見の丘のようなものが見えてくる。そこはツァガーン・スルヴァガ（ホワイトストゥーパ〈白い仏塔〉）と呼ばれる丘で、帰り飛行機のチケットが取れず面白いところに寄ると言っていたところだった。

まず近くの宿泊予定のツーリストキャンプに行き昼食を摂り、ツァガーン・スルヴァガに行った。車を途中で下車し、白い仏塔の丘の崖まで草原を歩いた。ここも以前は海だったはずで崖の下に着くと化石がないか探したが珍しい感じの石はあるものの見つけることはできなかった。丘の上には簡単に登れるルートがあり、上に出てみると真平らで車も来られるようになっており、我々の車も迎えに来てくれていた。ここも相変わらず360度地平線が見えるといった感じである。

白い仏塔

白い仏塔へ

化石を探したが…

360度地平線

〈中央ゴビの岩絵〉

一点だけ特筆すべきことがある。昼食の時にツーリストキャンプで見つけたパンフに岩絵の写真があったのだが、それは「人が弓を構えて狙っている先が人が含まれるかもしれない」「多くの人が横になって踊っている」ようにも見えるようなものだった。南ゴビで見たものとは違うグループが描いたものなのか趣がやや異なる。地図を見るとこの近くにもRock carvingがあるのでそこで発見されたものかもしれなかった。残念ながら連れて行ってはもらえなかったがとても興味深い写真に見えた。ただし、到底戦争を描いたものには見えず、やはりこの絵を描いた遊牧民は平和な人達だったと思わざるを得ない。

ツーリストキャンプで夕食時に日が沈んだ。反対側を見ると満月に近い月が上がっていた。今夜もウイスキーを飲みながら月見を楽しんだ。星も綺麗な夜だった。

ツーリストキャンプ　サガーン・スバルガ

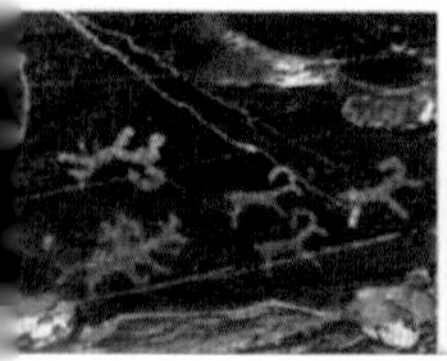

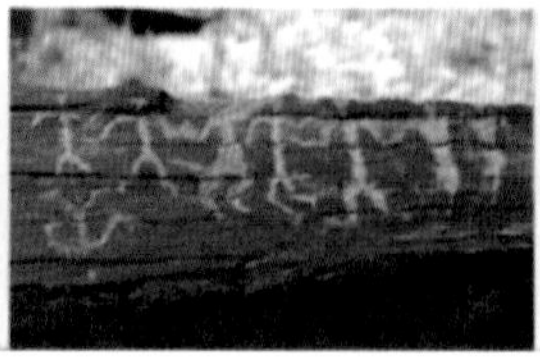

踊り？

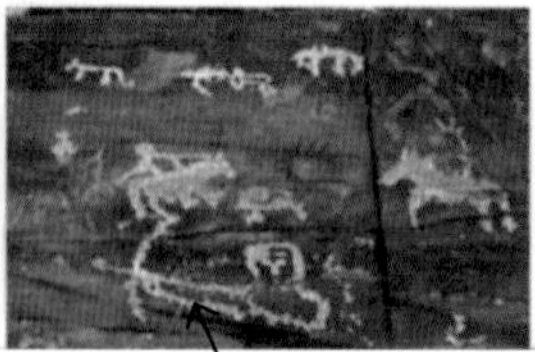

この弓が狙っている先は？

8・15（木）　中央ゴビ：曇り

＊ツーリストキャンプ（7：50）－マンダルゴビ（10：40／12：45）－ウランバートル近郊テレルジ方面分岐点・車とドライバーチェンジ（16：30／16：35）－チンギス・ハーン像（17：40／18：40）－テレルジキャンプ（19：20）

明け方から朝にかけて雨が降った。日の出は綺麗だったが、どうも今日は今までとは違う天気で気温が低い。マンダルゴビで寄った丘の上では立っていられないほどの強風で寒かった。気温は12℃くらいだったと思うが手がかじかんだ。町では仏教関係（シャーマン）の祭りのようなものをやっており、そのためか分からないが昼食時にビールが飲めなかった。その様なことを言われた。

上：日の出
中：祭り
下：強風の中央ゴビ

上：分岐点
下：チンギス・ハーン像

道は舗装道路とはいっても穴が多く常にスピードを出せるわけではなかったが順調に進み、ウランバートル近くの分岐点で初日のガイドと車にチェンジ。南ゴビからここまで担当してくれたドライバーにお礼を言って別れた。内海さんがたばこ吸い同士で仲が良く日本のたばこをプレゼントして別れた。チンギス・ハーン像へ行く。ここはモンゴル人にとっては絶対外せないところだろう。像はとにかくでかい。世界で8番目?に大きいとか言っていたが正確には何番目か忘れた。ドゥーギーさんに「モンゴルの国民的英雄のチンギス・ハーンは我々日本人も尊敬している」と言うと喜んでくれた。

この日に宿泊のテレルジは富裕層が訪れる保養地といった感じ。ここもロシアでいうダーチャなのだろう。モンゴル人はロシア人の影響か夏の間はダーチャで過ごすということが行われているらしい。我々のゲルキャンプは山間で規模の小さいスイスアルプスといった感じのところだった。気温が低く夜

テレルジ

と翌朝にはストーブが炊かれた。昨夜までとは打って変わり、この夜はストーブを囲んでのウイスキーとなった。夜遅くに満月が出ているのを確認したが、さすがにこの夜はゲルの中で飲むしかなかった。

8・16（金）ウランバートル：晴れ

＊テレルジキャンプ（8：20）―カメ岩（8：40／9：20）―アリアバル寺（9：30／11：00）―モンゴル人ゲル・馬乳酒製造見学（12：10／12：30）―ウランバートル市内ランチ（13：45／14：35）―恐竜博物館（15：05／15：55）―民族歴史博物館（16：00／17：30）―モンゴル民族歌舞踊観賞（18：00／19：20）―シャングリラホテル夕食（19：40／20：45）―買い物―ホテル（22：10）

最後は観光地巡り。カメ岩とアリアバル寺はテレルジエリア。爽やかな良い天気の中を歩く。寺はチベット仏教の影響を受けているのかそれに近いものを感じた。ウランバートルまで移動途中にモンゴル人の馬乳酒製造ゲルに立ち寄った。昨夜の夕食時とこの日の途中で馬乳酒を飲んだ。酒とは言ってもア

アリアバル寺

カメ岩

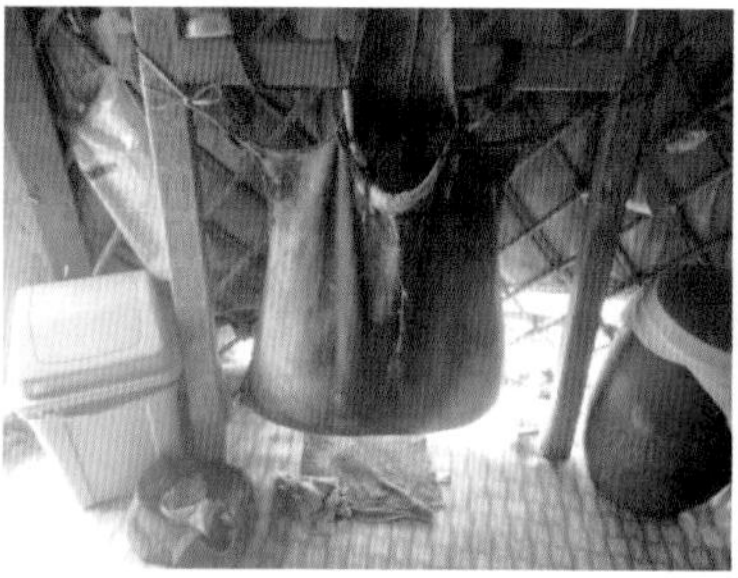

馬乳酒

飲んでしまった

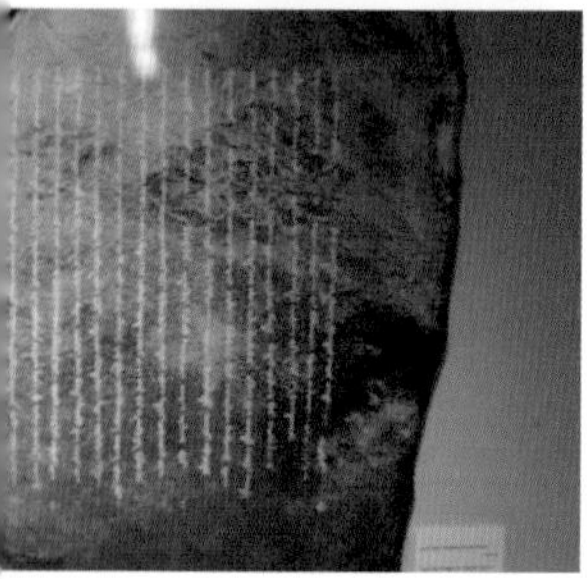

モンゴル文字

モンゴル国旗

ルコール度数は極めて低く酸っぱい飲むヨーグルトといった感じのものである。馬乳酒を飲むにあたっては、胃腸が回復するか或いはその逆かのどちらに転ぶかの賭けだったが、どうやら後者になってしまったようだった。翌日の帰国の時、皆空港でもトイレにばかり行くことになってしまった。

ウランバートルではモンゴルについてと恐竜について博物館で勉強し、民族歌舞踊会ではモンゴル人の力強さを感じることができ、よりモンゴルが近い存在になった気がした。ただ単に相撲取りが来る国から変わった気がした。

8・17（土）　ウランバートル：晴れ

＊ホテル（5：30）―ウランバートル空港（6：00／7：45）OM501便―成田（13：10）

朝早かったが、ドゥーギーさんも見送りに来てくれた。皆余りものだが日本から持ち込んだ食料等をプレゼントして別れた。なかなか機転の利くよいガイドだった。お礼を言い別れた。こうしてモンゴルツアーは終わった。

（5）おわりに

私にとっての今回の旅のハイライトは岩絵とホンゴル砂丘であったと思う。岩絵については8／11の頁にやや詳しく述べたが、本気で研究している人が分からない。誰かが間違いなく研究しているものと思うが、現地を見ると管理状態が野放しで落書きもあるので何とかもっと管理をきちんとしてもらいたいと思う。そして自分の問である「なぜ古代モンゴル人はこの様な絵を数多く残したのであろうか？匈奴であるとしたらなぜ？　どう見ても戦争を描いたものはない。縄文人のような平和な人達だったのか？」というものに応える論文にお目にかかりたいと本気で思っている。

ホンゴル砂丘については、私のモンゴルの南ゴビに対する理解が足りなかったのであろう。正直こんなものなのかと思ってしまった。明らかにステップの中の砂の溜まったところである。それはそれで面白いとも言えるのであろうが、中国・内モンゴル自治区の広大なバダインジャラン砂漠を歩いた人間としてはやや物足りなさを感じた。やはりバダインジャラン砂漠との接続点まで行かなければならないということであろうか。

しかしこれだけ地平線ばかりが見えるところは初めてである。地図上では幹線と思われる道路でも信号はおろか道路標識一つない。こんなところは見たことがない。まさに南ゴビは本当に雄大なところである。これは行ってみないと分からない。

今回の旅は一人ではなく、天野さん、内海さん、中田さんの3名の方と一緒だったが、無事モンゴル・ゴビ砂漠へ行けたことを3名の方々に感謝したい。また、りんゆう観光のウルツィさんには今回もすべての点でお世話になった。特に感謝したい。モンゴルを知ることができた楽しい旅だった。

あとがき

私は膝を悪くして激しい山登りを続けるには耐えられなくなり、砂漠を歩くことに興味を持った。それが出発で砂漠歩きを始めて6年近くが経過した。私は中国に3年ほど駐在したことがあることから中国には多少土地勘があり、行った砂漠は中国ばかりになってしまったが、砂漠を歩くことはその醍醐味、雄大な景色を見ること以外に歴史や民族のことを考えることに興味を覚えた。実際に行った砂漠は元々漢民族の支配下ではない地域ばかりで、元々居た民族のこと等を考えると面白い。特にケリヤ人や岩絵には考えさせられた。

岩絵については、大学の先生で研究している人がいるはずだと思うが、私自身がそれも含めて十分に調べられてないのが現状である。また現地では、せめて落書きされないような管理ができないかとも思う。自分にもっと時間があれば調査したいくらいである。

岩絵を見たおかげで中国の砂漠からモンゴルへ繋がった。モンゴルと言えば、チンギス・ハーン、司馬遼太郎がモンゴル語を専攻していたということ、モンゴル出身の相撲取りの力士位しか想像できなかったが、実際に行ってみるとその想像を遥かに超える世界だった。モンゴルを見たところで今回は一先ず区切りをつけたいと思った。今後どのように展開するか分からないが、ここで砂漠の話を終わりたい。

■著者プロフィール

大谷　和男（おおたにかずお）

1960年、広島市に生まれる。

主に関東地方に育ち、大学時代に北海道特に知床に魅せられ、社会人となり、関東地方から北海道の山を目指す登山を開始する。

ライフワークは知床から千島列島、カムチャツカ半島。埼玉県深谷山岳会所属。

仕事は化学会社（昭和電工）の技術者。2005年1月～2008年4月まで上海に赴任。上海滞在中に中国を知る。

著書に『千島列島の山を目指して』『上海駐在員が歩いた中国』『続・上海駐在員が歩いた中国』『3つの知床岬とサハリン』がある。

中国、モンゴルの砂漠を訪ねて

2020年7月15日　第1刷発行

著　者　大谷和男
発行人　大杉　剛
発行所　株式会社 風詠社
〒553-0001　大阪市福島区海老江5-2-2
大拓ビル5-7階
TEL 06（6136）8657　https://fueisha.com/
発売元　株式会社 星雲社
（共同出版社・流通責任出版社）
〒112-0005　東京都文京区水道1-3-30
TEL 03（3868）3275
印刷・製本　シナノ印刷株式会社

ISBN978-4-434-27723-8 C0026

乱丁・落丁本は風詠社宛にお送りください。お取り替えいたします。